JN320561

口絵1　夕陽に浮かぶピラミッドのシルエット(ティカル遺跡)
　　　　日没直前に撮影した世界遺産のティカル遺跡(グアテマラ)。とても幻想的な風景であり、この写真撮影直後に月も反対側から昇り始めたため、さらにダイナミックな世界が広がった。

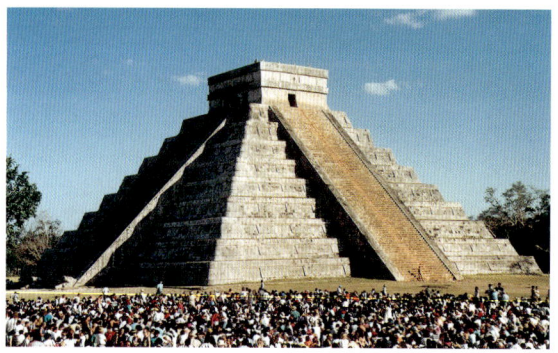

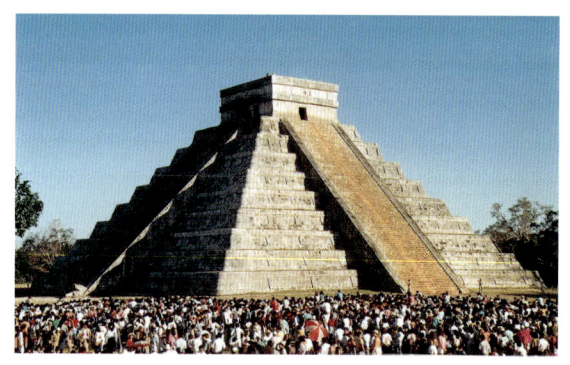

口絵2　ククルカン（羽毛のある蛇）がピラミッドに降臨した場面
　　　（チチェン・イツァ遺跡）
　　　　世界遺産のチチェン・イツァ遺跡（メキシコ）では、春分の日と秋分の日の約30分だけ、ククルカンのピラミッドの階段部分に蛇が太陽の光によって照らし出される。テレビ局も集まり、メキシコの観光行事となっている。一番下の写真は春分の日の午後5時のもの。

口絵3　ククルカンのピラミッドの階段上り口にある蛇頭の彫刻
　　　　（チチェン・イツァ遺跡）
　　　羽毛のある蛇の神であるククルカンの頭の彫刻が、ピラミッドの階段の一
　　番下に置かれている。口絵2の太陽の光によって照らし出されている頭の
　　部分。

口絵4　4階建ての塔を含んだ「宮殿」(パレンケ遺跡)
　　　世界遺産のパレンケ遺跡（メキシコ）にある塔。このような4階建ての縦長の建造物は他のマヤ文明の遺跡では見られない。天文観測に利用されたとする説もあるが、どのように使われたのかよくわかっていない。

口絵5　カラコルの天文台（チチェン・イツァ遺跡）
　　　チチェン・イツァ遺跡（メキシコ）にある建造物で、屋根部分が「カタツムリ」に似ていることからこの名がついている。三つの窓で太陽や月、金星を観測していたことがわかっている。

口絵6　長い鼻の顔のモチーフがある建造物（ウシュマル遺跡）
　世界遺産のウシュマル遺跡（メキシコ）には、プウク様式の特徴である長い鼻をした顔の像が建造物のいたるところで見られる。これまでこの顔は、雨の神チャークであると考えられてきたが、最近ではウィッツ（山）を表現したものだと考えられている。

口絵7　2号神殿（ティカル遺跡）
　　　　世界遺産のティカル遺跡（グアテマラ）にある代表的な建造物。広場をはさんで1号神殿と向かい合っている。飾り屋根には顔の浮き彫りが装飾されているが、風化しているためわかりにくい。

口絵8 ジャングルにそびえる4号神殿（ティカル遺跡）
世界遺産のティカル遺跡（グアテマラ）にある代表的な建造物。神殿のまわりがいかにジャングルで覆われているのかがよくわかる。写真ではわからないが、飾り屋根の部分には多くのマヤ文字が刻まれている。

口絵9　芸術的な「石碑H」(コパン遺跡)
　世界遺産のコパン遺跡(ホンジュラス)の石碑は高浮き彫りが見事だが、これは第13代「ワシャクラフーン・ウバーフ・カウィール(18ウサギ)」王が立てた石碑で、コパン遺跡にある代表的な芸術品である。この石碑が建てられた当時は、表面に朱が塗られていた。

口絵10　マヤ最大級の大球技場（チチェン・イツァ遺跡）
　　　チチェン・イツァ遺跡（メキシコ）にあるマヤ遺跡最大の球技場で、長さ168m、幅70mを誇る。壁についている石の輪にボールを通して勝負を競ったと考えられている。球技場の上にあるのは「ジャガーの神殿」の2階部分。

口絵11 球技に負けて首を斬られた場面（チチェン・イツァ遺跡）
　　　チチェン・イツァ遺跡（メキシコ）にある大球技場の側壁に彫られた図。
　　　右にひざまずいているのが負けたチームのキャプテン。負けたために首
　　　が斬られ、そこから血が噴出している。血は7方向に飛び散り、先は蛇
　　　の頭をしている。中央の円の中には、死神を意味するドクロが見られる。

口絵12　建造物E-7（ワシャクトゥン遺跡）
　　グアテマラにある遺跡で、ティカル遺跡の約40km北に位置する。この神殿の階段の両側には、二つずつ顔が彫刻されている。この顔も最近の説ではウィッツ（山）を表現したものだと解釈されている。

口絵13 ピラミッドの内部を発掘している調査現場
　　　ピラミッドの内部を調査するときには、トンネルを掘って建造物内にある墓の有無を調べたり、内部に古い建造物がないかを確かめたりする。ピラミッドが崩れてこないように、柱を立てて補強しているのがわかる。

口絵14 発掘調査の宿泊場所（小林桃子撮影）
　　　発掘調査のときの風景。町から遠い場所を調査地にするときは、ハンモックをつって蚊帳で覆い、外で寝泊りすることになる。マラリアにかからないようにするためにも、蚊帳は必需品である。

口絵15　建造物33（ヤシュチラン遺跡）
　　　ヤシュチランは、ウスマシンタ川沿いの丘に建てられたメキシコの遺跡。この遺跡の代表的な建造物で、古典期の王「鳥ジャガー」が自らの即位を記念して建てたもの。

口絵16　カリブ海とマヤ遺跡（トゥルム遺跡）
　白い建物と青いカリブ海のコントラストが美しい後古典期後期の遺跡で、メキシコのユカタン半島にある。写真は、崖の上に建てられているエル・カスティーヨ・ピラミッド。

※口絵14以外は筆者撮影

ようこそマヤ文明へ

～マヤ文明へのやさしいアプローチ～

Tatara Yutaka
多々良 穣

文芸社

目　次

はじめに ………………………………………………7

第1章　マヤ文明はどんなイメージ？ ………………………10
第2章　マヤ文明にも世界遺産はあるの？ …………………18
第3章　マヤ文明はどうやって発見されたの？ ………………36
第4章　マヤ文明はどこでいつおこったの？ …………………41
第5章　マヤはどんな文明なの？ ……………………………51
第6章　マヤ文明には絶対的な支配者がいたの？ ……………60
第7章　マヤ文明の思想や宗教は日本のものとは違うの？ ……67
第8章　マヤ人にはどんな世界観があったの？ ………………82
第9章　マヤ人にはどのような風習があったの？ ……………90
第10章　マヤ文明はなぜ崩壊したの？ ………………………95

おわりに ………………………………………………104

参考文献 ………………………………………………108

ようこそマヤ文明へ

~マヤ文明へのやさしいアプローチ~

はじめに

　多くの人が、一度はマヤ文明という言葉を聞いたことがあると思います。では、マヤ文明とはどのような文明なのでしょうか。そう聞かれると、なかなか答えられないと思います。たとえば、次のような問題について、みなさんはどのくらいわかるでしょうか？

○マヤ文明はいつごろから始まり、いつごろ衰退したのでしょうか？
○マヤ文明はどの地域に栄えたのでしょうか？
○マヤの人々はどんなものを食べていたのでしょうか？
○マヤはどのような社会だったのでしょうか？
○どのような点が、日本の文化と違ったのでしょうか？

　さあ、いかがですか？　このようなことがわかっていれば、みなさんのマヤ文明についての知識は、なかなかいい線行っていると思います。ほとんどわからないという人は、このあと本書をぜひ読み進めていってください。きっとおもしろいと感じることでしょう。

　最近マヤ文明に関連するメディアが多くなってきました。テレビで取りあげられることも増えてきましたし、本も多く出版されています。2003年には、これまででもっとも大きな規模の「マヤ文明展」が日本で開かれました。2007〜2008年には、「インカ・マヤ・アス

はじめに

テカ展」も開催されました。そのおかげで、少しずつですが、マヤ文明に関心を持つ人たちも増えてきたように思います。しかし、マヤ文明の正確な知識が定着しているとはいえません。私は高校と大学で世界史を教えており、授業の中でマヤ文明について比較的詳しく説明していますが、生徒や学生たちは古代文明がどれもだいたい一緒であるというイメージを持っていて、中央アメリカと南アメリカの違いはあまりわかっていないように思えます。つまり、古代アメリカ文明でいえば、マヤ文明やアステカ王国（中央アメリカ）とインカ帝国（南アメリカ）の区別が明確ではないのです。私がマヤ文明遺跡の残っている国々を訪問して日本に帰ってくると、「南アメリカはどうでしたか？」と尋ねられることも珍しくありません。

　本書は、二つの目的で書かれています。まず、マヤ文明について、基本的なことを正確に理解してほしいのです。はじめにあげた質問に答えられるように、そしてさらにマヤ文明とはいったいどんな文明なのかをみなさんにわかってもらえるように、簡単な文章で楽しく読めるように書いてみました。書きたい内容はたくさんありますが、みなさんがマヤ文明のことを知ろうという気持ちになるように、おもなものにポイントをしぼってあります。どのようにして教えれば、正確に、そして興味を持って聴いてもらえるのか。それがマヤ文明を専門にする者としての、私の大きなテーマです。

　もう一つの目的は、マヤ文明のなかでも、宗教とか、風習とか、考え方とか、そういったマヤ人たちの生活のにおいのするものをみなさんに紹介します。この分野はなかなか焦点を当てにくいもので、現在の研究でもはっきりわかっていないものも含まれています。しかし、私自身がこれまで解明に取り組んできた分野なので、現時点で考えられることを整理してみました。一般のみなさんにはあまり

知られていないマヤ文明の一面を、本書を通じて知ることができるでしょう。

　専門的なマヤ文明の概説書は、日本でもそれなりの数に上っていて、ここ20年間でも評価の高い書物が出版されています。しかし、ある程度のマヤ文明の知識がないと、読みこなすことが難しいものも少なくありません。高校生だけではなく、小学校高学年から大人のみなさんまで、専門知識があまり豊富ではない人たちでもマヤ文明をやさしく理解できるように、入門編として本書を執筆しました。もし本書を読み終えたあとで内容に物足りなさを感じた場合は、他の研究者によって出版された詳しい本がありますから、そちらもお読みになるといいでしょう。

　本書を読んで、もっとマヤ文明のことを知りたい、将来研究してみたいという人が増えてくれるのであれば、このうえない喜びです。

第1章 マヤ文明はどんなイメージ？

マヤ文明はミステリアス？

▶ **マヤといえば「謎」、「不思議」というイメージが先行。**

　みなさんは、マヤ文明からどんなイメージを思い浮かべますか。「謎」、「不思議」、あるいは「ミステリー」といった言葉が出てくるかもしれません。もしこれまでマヤ文明に関する写真や映像を見たことがある人ならば、果てしなく広がるジャングルや石造りのピラミッドを思い出すかもしれません。

　もともとイメージとは、必ずしも正しいものとは限りません。しかもマヤ文明については、中学校ではほとんど教えておらず、高校でも少し勉強する程度ですから、予備知識があまりないといってよいと思います。ですから、まちがったイメージや知識を持っている人も多いのです。私が教えている高校生や大学生も、古代文化の謎めいたイメージが先行していて、マヤ文明をエジプトやメソポタミアなど各地域の古代文明と一緒にしている場合が多いのです。そのため「マヤ文明＝古代文明＝謎」というイメージが働いているといえます。

ボロブドゥール
(馬瀬智光撮影)

マチュピチュ
(吉田栄人撮影)

ティカル(筆者撮影)

図1　古代文明の3枚の写真

どれがマヤ文明の写真？

マチュピチュとマヤを一緒に考えやすい。

　さて、みなさんは前ページの3枚の写真（図1）を見て、どれがマヤ文明のものかわかりますか？ これらはどれも有名な遺跡の写真です。でも、一番正解しづらい写真が、実はマヤ文明のものだったりします。一つ目の写真はボロブドゥールで、仏教の宇宙観が彫刻で表されているインドネシアのジャワ島にある遺跡です。二番目の写真はマチュピチュで、南アメリカに栄えたインカ帝国の遺跡の一つです。空中都市として有名で、よくテレビなどでも目にするものです。最後の写真がティカル遺跡で、これがマヤ文明のものです。しかし、テレビや本で扱われることが一番少ないため、マヤ文明に詳しいと感じている人でもまちがえてしまったのではないでしょうか。特に二番目のマチュピチュと勘違いしたのではありませんか？ 実はこの写真を使って「マヤ文明はどれか」という試験問題を出したところ、一番多い答えがマチュピチュだったのです（多々良2005a）。

マヤ文明を正確に把握していない理由

マヤもアステカもインカも、すべて同じアメリカ大陸の古代文明!?

　でも、それは仕方のないことかもしれないのです。考えられる理由はいくつかあります。まず、古代文明がおおよそ「未開」であるというイメージを持ってとらえられていて、どれもあまり大差がないと思われている可能性があります。しかし、各地域の古代文明は

それぞれの特徴がありますから、本書でそれを見ていきたいと思います。

　また、マヤ文明のことを少し知っている人は、石造のピラミッドのイメージが強いかもしれません。3枚の写真はすべて、石造建築ですから迷うことも考えられます。なお、ここで載せたボロブドゥールの写真ではわかりませんが、いずれの遺跡も密林に覆われています。そのことも三つの遺跡のイメージを共通にさせているかもしれません。

　でも一番大きな理由は、漠然と中南米をとらえてしまっているからでしょう。高校生や大学生などへのアンケート結果からも、メキシコおよびグアテマラなどのマヤ文明圏と、ペルーを中心とするアンデス文明圏の二つがマヤと関連する地域だとみなされていることがわかります。南アメリカの文化要素でよくとりあげられる「マチュピチュ」や「ナスカの地上絵」を、マヤ文明と関連したものと考える傾向も指摘されています（吉田 2005）。つまり、中央アメリカと南アメリカとをごっちゃにしているわけです。ですから、教師もきちんとその違いを明らかにして教えなければいけませんね。

▶マヤ文明は宇宙人が創ったもの？
パレンケのパカル王の墓のふたにある図は、古代マヤの世界観を表現したもの。

　マヤ文明の内容を正確に伝えないどころか、誤った情報、それもイメージを「謎めいたもの」にするものを流すことにより、マヤ文明を怪しい文明にしてしまっているものがあります。しかも、わざと意図的にそのような情報を伝達する一部のマスコミもあるのです。

第1章　マヤ文明はどんなイメージ？

図2　パレンケ遺跡のパカル王墓のふた石に彫られた図
（Coe 2005 図83をもとに作成）
パカル王がドクロの口から地下界に落ちていく場面。

　その代表的なものが、マヤ文明「宇宙人」説でしょう。残念ながら、いまだにその考えを前面に出して番組を作成することもあるようです。でも、現在はそんなばかげたことを信じる人はほとんどいないでしょう。少なくとも、私たちのようにマヤ文明を研究している人たちは信じていません。では、その説を紹介してみましょう。
　マヤ文明が「宇宙人」によって創られたという考え方は、実は一昔前にはまともに信じられていました。例えば、メキシコにあるパ

レンケ遺跡から発見されたパカル王の墓のふたには、ある人物がロケットに乗って宇宙に旅立つように見える図が彫られています（図2）。この図を根拠にして、マヤ文明は宇宙人の文明だとされていた時期があったのです。でも現在では、地下界に落ちていくパカル王の上に、天国を支えている十字の世界樹がそそり立っている場面だと解釈されています（Sharer with Traxler 2006 : 466）。

水晶ドクロはマヤ文明の傑作？
水晶ドクロは真っ赤なにせもの！

また、嘘の情報から誤った知識が広まってしまったこともあります。それは「水晶ドクロ」です。これはベリーズにあるルバアントゥン遺跡で発見されたものと思われていました。水晶でできたこのドクロは、とても当時の人間では作ることができない技術が必要です。つまり、鉄器がなかったマヤ人がこれを作るのは不可能であり、人間わざではなく宇宙人による超自然的作品（オーパーツ）だとされていたのでした。しかし、これをマヤ遺跡で発見したというのは嘘であることがわかりました。イギリス人の探検家であるミッチェル・ヘッジスの養女アナが誕生日に見つけたことになっていましたが、実はヘッジスが収集家であるシドニー・バーニーから買ったものであることが判明したのです（青山 2000:172-173）。

それにもかかわらず、この「水晶ドクロ」はマヤ文明のものとしてテレビで放映されたこともあり、本でも紹介されています。私が授業などでマヤ文明の話をすると、意外とこの「水晶ドクロ」のことを質問してくる生徒や学生が多いのです。そのたびに、その情報はまちがっていることを指摘しています。嘘の情報であることをわ

かっていながら、メディアがこのようなことを多くの人々に流し続けているならば、いたずらに好奇心をかきたてるものであり、とても大きな問題だといえるでしょう。ドクロは不気味な印象を与えるものであり、まさに「謎」や「ミステリー」というイメージを植えつけるものだからです。

▶「世界四大文明」という表現は正しいのか？
大河流域に成立しなかった文明で高度な文明の一つがマヤ文明。

　すでに一部の人たちの間では、「世界四大文明」はあまり使用されない用語となっていますが、一般的にはまだまだ使われています。これはヨーロッパ人がアメリカ大陸の文明を発見したのが遅れたこともあるかもしれませんが、まだまだ古代アメリカ文明が正確に知られておらず、謎めいた文明として考えられているからでしょう。確かに、古代アメリカ文明は、いわゆる「世界四大文明」と異なる点として、必ずしも大河流域で発展したのではないこと、車輪が実用化されなかったこと、鉄器や大型の家畜が利用されなかったことなどがあげられます。しかし、現在の科学では説明できないような神の存在、王（統治者）を神としてあがめるために儀式を重視した生活をしていたことは、エジプト文明やメソポタミア文明と共通しています。両文明とも、聖なる存在として大型建造物（ピラミッド）が建てられ、神をあがめる空間として重要な役割を果たしました。その神殿を中心にして都市が建設されたわけです。マヤ文明でも、ピラミッドが神殿としても大切な存在だったので、この点で同じ文化要素を持っていることになります。

歴史に限らず、何かを研究していると、調べているものをパターン化することがあります。これは必ずしもまちがった方法ではないのですが、ともすると、都合のいいものだけをとりあげて、無理にそのパターンに当てはめて考えたくなるのです。古代に存在した文明は大河流域に成立し、農業をもととして発達したというシナリオに、ここでいう「世界四大文明」はしっかり当てはまります。でも、大河流域に成立しなかった古代文明は世界でいくつもあります。古代アメリカ文明の一つである「マヤ文明」もそういった文明の一つであり、大河（もちろんいくつかの中心となった川は存在しますが）はなくても高度な文明に発展しました。ですから、「世界四大文明」という言葉はもう使わないほうがいいのではないでしょうか。

第2章
マヤ文明にも世界遺産はあるの？

ユネスコ世界遺産とは？
▶「文化遺産」と「自然遺産」があり、遺跡は「文化遺産」が主流。

　多くの方は、世界遺産を知っていると思います。最近かなりブームになっていて、旅行会社の友人の話では、世界遺産と関連させたツアーや個人旅行がかなり増えているとのことです。正式には「ユネスコ世界遺産」といい、世界中にある人類全体の宝として、それらのものを損なったり壊したりしないように保護・保全しなければならない遺産のことをさします。このユネスコ世界遺産は、「文化遺産」と「自然遺産」、もしくはその双方からなる「複合遺産」から構成されています。「文化遺産」とは価値の高い遺跡や建物をさし、「自然遺産」とは、価値の高い地形や生物、あるいは景観を持った地域をさします。そして、その両方の価値を持っているものを「複合遺産」といいます。

　ユネスコに設置されている「世界遺産委員会」に対し、各国がこれぞ「文化遺産」と考える遺跡を、この委員会に推薦します。委員会では「文化遺産」に登録されるために、文化的傑作であるか、歴史的に重要か、存続が危うくなっているかなどの面から審査します。世界遺産に登録されると、世界中で注目されますから、遺跡の保存や維持に有利になることはまちがいありません。ただ、経済面から

いえば、観光客の増加を見込めるという点がもっとも魅力的です。そのため、委員会に働きかけることが重要になり、いわゆる「政治色」が存在することも否定できません。世界遺産に登録するのは、純粋に人類の遺産を保存したいという理由だけとは限らないのです。

▶ マヤ文明の世界遺産
マヤ文明にも、4カ国に8件の世界遺産がある。

　マヤ文明に関連のある世界遺産は、メキシコ、グアテマラ、ホンジュラス、エルサルバドルの4カ国に計8件あります。これらの国々がどこにあるかは、地図で確認してください（**図3**）。なじみがない国々ですから、わからなくても仕方ありません。八つのうち「ティカル国立公園」は「自然遺産」としても登録されている「複合遺産」ですが、他の7件はすべて「文化遺産」です（**表1**）。このなかには、マヤ文明の最盛期に栄えた四大都市がすべて含まれています。それは、パレンケ、カラクムール、ティカル、そしてコパンの各遺跡です。マヤ研究者としては、これらすべての遺跡を訪れたいのですが、交通のアクセスが簡単ではないため、残念ながらカラクムールには行ったことがありません。古代マヤ文明を代表する大都市だったので、今後ぜひこの目で確かめたいと思っています。
　それでは、これらのマヤ文明の「世界遺産」を簡単に紹介していきましょう。

第2章　マヤ文明にも世界遺産はあるの？

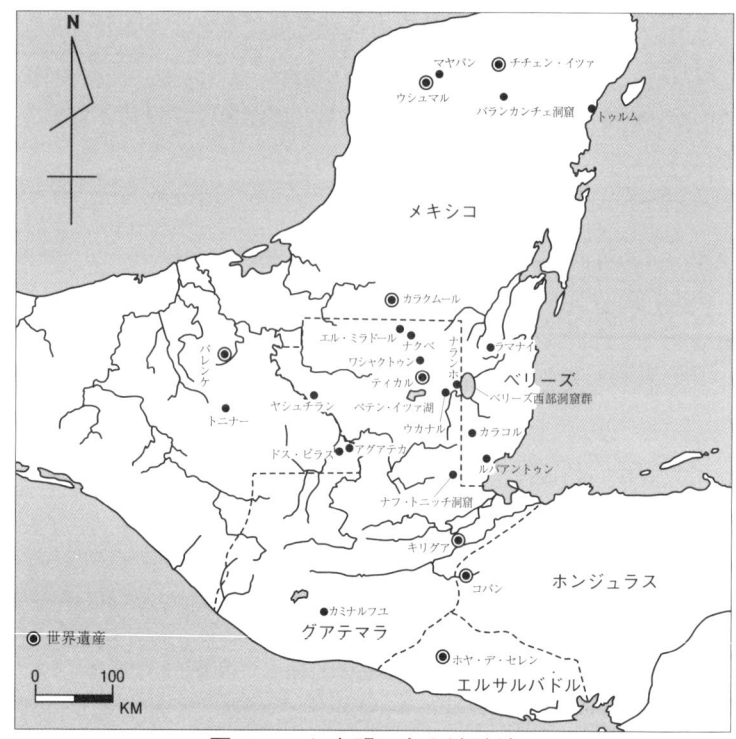

図3　マヤ文明の主な遺跡地図

遺産の種類	遺　産　名	国　名
文化遺産	古代都市パレンケと国立公園	メキシコ
	古代都市チチェン・イツァ	メキシコ
	古代都市ウシュマル	メキシコ
	カンペチェ州、カラクムールの古代マヤ都市	メキシコ
	キリグアの遺跡公園と遺跡群	グアテマラ
	コパンのマヤ遺跡	ホンジュラス
	ホヤ・デ・セレンの古代遺跡	エルサルバドル
複合遺産	ティカル国立公園	グアテマラ

表1　マヤ文明の世界文化遺産（複合遺産）

古代都市パレンケと国立公園

ピラミッドは王の墓であることがわかり、以前は宇宙人説もあった遺跡。

5～8世紀にかけて栄えたマヤ文明における四大都市の一つで、メキシコのチアパス州にあります。この遺跡の中心は、何といっても「碑銘の神殿」（図4）でしょう。景観がすばらしいこともありますが、考古学的にも注目すべき建物なのです。それは、マヤ文明のピラミッドは王の墓として建てられたことを初めて証明した建物だからです。それまでは、儀式を行うための神殿だという考え方が一般的だったのですが、1952年にアルベルト・ルスというメキシコ

図4　パレンケ遺跡の「碑銘の神殿」（筆者撮影）
　　　この神殿から王の墓が発見され、マヤ文明のピラミッドが墓としても建設されたことがわかった。

人考古学者がピラミッドの内部に階段があることを発見し、その先に墓があることを突き止めたのでした。その階段も墓も、実際に見ることができました。裸電球に照らされた石段を墓に向かって下りていくと、ひんやりした空気も手伝ってなかなかスリルがありました。その墓のふたに刻まれている彫刻のモチーフが、まるでロケットに乗った人物が宇宙に旅立つように見えるため（**図2：14ページ**）、このパレンケは宇宙人によって造られたと考えられたこともあったのは、先ほど書いたとおりです。

　建造物には、このほか4階建ての変わった構造の塔がある「宮殿」（**口絵4**）や、右手奥の丘に建つ三つの神殿群など、見所がたくさんあります。4階建ての細長い建物は、天文観測のために使われたと考える研究者もいますが、確かな証拠はありません。また、この遺跡の特徴は石碑がほとんど見られないことです。多くの遺跡には石碑が広場や神殿の前に建てられていて、そこには王の名誉や大きな出来事、儀礼などが記されています。ですから、これだけ大きな都市に石碑がないのが不思議ですが、そのかわり建物の壁には多くの石彫が残されています（**カバー裏の写真**参照）。

▶古代都市チチェン・イツァ

春分と秋分の日の年二回、羽毛のある蛇がピラミッドに降りてくる注目の遺跡。

　チチェン・イツァはメキシコのユカタン州に位置する都市で、9世紀から栄え始めた比較的新しい遺跡です。この遺跡は、大きく「旧チチェン・イツァ」と「新チチェン・イツァ」に分かれています。「旧チチェン」は9世紀後半から建てられた建築物が集中して

いる区域です。一方「新チチェン」は、「旧チチェン」よりもやや後の10世紀後半にトルテカ人によって征服され、作られた区域だとされています。ただ、この説に反対する研究者も多く、歴史的事実は正確に理解されているわけではないようです（Coe 2005）。

　では、遺跡公園の説明に移りましょう。「旧チチェン」には、カラコルの天文台（**口絵5**）があります。カラコルは「カタツムリ」というスペイン語から名づけられたもので、屋根がカタツムリの殻に似ています。円形をした建物で、太陽、月、金星の天文観測をしていました。「尼僧院」や「教会」と呼ばれる建物の外壁には、長い鼻をした顔の浮彫や雷文が装飾されています。これはユカタン半島に見られるプウク様式の特徴です。

　しかし、何といっても見逃せないのは、「新チチェン」にある「ククルカンのピラミッド」とマヤ文明最大の規模を誇る「球技場」でしょう。「ククルカンのピラミッド」は、春分と秋分の日、つまり年二回だけククルカン（マヤ語で羽毛のある蛇の意味）が階段の側面に現れるのです（**口絵2**）。これは、太陽高度とピラミッドの階段を計算して、日のあたっている部分が白く蛇の形になるように建築したもので、高度な天文学的知識があったことがわかります。しかも、このピラミッドの階段は四方にあり、段数は91段が4カ所で、一番上の部屋の土台を含めると365段となります。この数字は一年の日数を示しており、単なる偶然ではありません。また、「球技場」は縦の長さが168mもあり、マヤ文明で最長です（**口絵10**）。そのほかにも、ジャガーの石彫や、ドクロが串刺しになった彫刻のある「ツォンパントリ」、心臓をささげた祭壇「チャクモール」（図5）のある「戦士の神殿」など、見所は非常にたくさんあります。

　なお、「ククルカンのピラミッド」からは、300mほど離れた所に

図5　チチェン・イツァ遺跡の「チャクモール」（筆者撮影）
この石像の上に心臓などの供物が置かれ、神に捧げられた。

ある「聖なる泉」（図6）に道がつながっています。泉（セノーテ）とは、石灰岩が雨に浸食されて下にできた空間に落ち、水がたまっているものです。儀礼の際に、神へのいけにえがこのセノーテに捧げられ、多くの人骨と供物が水中から発見されました。ですから、別名「いけにえのセノーテ」といいます。青々とした静かな淵をのぞきこむと、何ともいえない気分になりますよ。

▶古代都市ウシュマル
急勾配の魔法使いのピラミッドのシルエットと幾何学文様が美しい遺跡。

ウシュマルはチチェン・イツァと同じくメキシコのユカタン州に

図6　チチェン・イツァ遺跡の「聖なる泉」（筆者撮影）
この泉には雨の神チャークへのいけにえが捧げられ、土器や香炉など多くの供物が投げ入れられた。

位置する遺跡で、9〜10世紀にかけて栄え、11世紀初めに衰退しました。メリダやカンクンといった大きな町からのアクセスが便利なので、多くの観光客が訪れています。

　遺跡への入口を抜けると、目の前に大きなピラミッドが立ちはだかっています。このピラミッドは、魔法使いがつかわした小人が一晩で建てたという伝説から「魔法使いのピラミッド」と呼ばれています（**図7**）。階段の傾きが急で、小さな子どもやお年寄りが登るのは大変危険です。入場係員の話では、以前誤って観光客が落ちた事故もあったそうです。登るよりも、裏から下りるほうが恐怖を感じますから、私も含めて観光客は鉄のくさりをしっかりつかんで登り下りしていました。普通のピラミッドは基礎部分が四角形ですが、このピラミッドの基盤は角が丸まっているので、傾斜も含めて独特

図7　ウシュマル遺跡の「魔法使いのピラミッド」(筆者撮影)
このピラミッドは、急な傾斜と丸みを帯びた輪郭から独特な印象を与えてくれる。シルエットが美しいマヤ文明の代表的なピラミッド。

の印象を与えてくれます。また、この「魔法使いのピラミッド」はもちろん、この遺跡にある多くの建物の階段や壁には長い鼻を持つ顔の彫刻が施されていて(**口絵6**)、先ほど書いたプウク様式の特徴が見られます。また、このピラミッドの裏手に広がる「尼僧院」という建築物も、蛇のモチーフや幾何学文様がたくさん装飾されていて見逃せません。

　この遺跡は、大きく南グループと北グループに分かれていますが、多くの観光客が訪れるのは南グループです。南グループには、「総督の館」や「カメの家」、「大ピラミッド」、「鳩の家」などがあります。「総督の館」の壁にも、蛇や長い鼻の顔、格子や雷文などの幾何学文様がふんだんに飾られていて、一見の価値ありです。この南グループには、たまにイグアナが現れるので、自然を味わうおもし

ろさもあります。観光客に囲まれてイグアナが逃げられずに驚いている様子を見て、私は初めてイグアナが恐ろしい動物ではないことを知りました。

「大ピラミッド」から見た「魔法使いのピラミッド」の姿はとても美しいので、実際行く方にはここからカメラのシャッターを切ることをお勧めします。

▶ カラクムールの古代マヤ都市

整備はこれからだが、石碑がたくさん立っているマヤ文明最盛期の最大級の遺跡。

メキシコのカンペチェ州にある巨大遺跡ですが、アクセスはあまりよくないというのが、私の友人の話です。古典期(最盛期)に繁栄したマヤ地域の四大都市の一つで、マヤ文明の遺跡の中ではもっとも多くの石碑が確認されています。

カラクムールで最大級の建物は2号建造物(ピラミッド)で、一辺120m、高さは45mという大きさを誇っています。その北側と東側、西側には建造物群が立ち並んでいて、建造物の前や広場には多くの石碑が建てられています。このあと本書に出てくるライバル都市のティカルに勝利し、6世紀なかばころから大きな勢力を持つようになりますが、すでにカラクムールは数百年前から成立していたようです(Martin & Grube 2000)。6世紀から7世紀にかけて、カラクムールはマヤ中部低地でもっとも強力な都市国家になりました。しかし7世紀末に逆にティカルに敗れてから、徐々に衰退したと考えられます。9世紀前半を最後に石碑は建てられていないので、このころカラクムールは崩壊したのでしょう。

カラクムールでは、2号建造物の正面にある階段から六つの巨大な顔の彫刻が発見されるなど、発掘調査や整備が進むにつれて少しずつ王朝の歴史がわかってきています。でもまだまだわからないことが多く、一般の人たちが訪れやすくなることも含めて身近な遺跡公園になるには、もう少し時間がかかりそうです。

▶ティカル国立公園

グアテマラにあるマヤ文明最大級の都市で、観光の面でも目玉。

　この遺跡は、周辺に生息する動植物も貴重であり、自然を保護していくべきだという観点から「自然遺産」としても登録されている「複合遺産」です。ジャングルの中に位置しているので、バスを乗り継いだり飛行機で近くの町に行ったりするなど交通の便がいいとはいえません。けれども、ティカル遺跡はまちがいなくマヤ文明の目玉であり、とても価値の高い遺跡です。

　ティカルという名の由来は、「池のあるところ」というマヤ語にあります。グアテマラのペテン低地にある都市遺跡で、やはり最盛期（古典期）におけるマヤの四大都市の一つとされています。確認されている遺跡の面積はかなり広大なもので、一般の観光客が見て回れる範囲だけでも一辺1km以上あります。その中心は大広場で、そこで1号神殿と2号神殿（口絵7）が向かい合っています。以前1号神殿の階段から観光客が滑り落ちる事故があったこともあり、現在はこの神殿に登ることが禁止されていたので、2号神殿に登って1号神殿をながめることができました。主な神殿は6基あり、その中では4号神殿（口絵8）から臨む景色がお勧めです。4号神殿はピラミッドの高さが65mもあり、ここから見える1号・2号・3

図8　ジャングルに浮かぶティカル遺跡の神殿（筆者撮影）
　　　ピラミッドの頂上部が点々とジャングルの中から顔を出している様子は、まさに古代マヤ文明が神秘的だという印象を与えている。

号神殿がジャングルに浮かぶ様子（**図8**）は、本当に幻想的です。また、大広場は北と南にあるアクロポリスと呼ばれる建造物群に囲まれています。北アクロポリスの建造物の壁には、山の怪物「ウィッツ」の顔をモチーフにしていると考えられる彫刻が見られ、芸術・宗教面からも見逃せません。

▶ キリグアの遺跡公園と遺跡群
豊富なヒスイなどの交易で発達し、マヤでもっとも高い石碑を持つ遺跡。

　キリグア遺跡は、グアテマラの東部に位置し、マヤ文明のなかでも背の高い石碑が建っていることで有名な遺跡です。遺跡公園まではバスとミニバスなどで、比較的簡単に行くことができます。この

都市はモタグア川という大きな川の流域にあり、水上交通の重要な地として栄えました。モタグア川流域は、ヒスイや黒曜石というきれいな石の産地だったのです。

　このあとに書くコパン遺跡には、多くの石碑に刻まれた記録があります。それによると、キリグアは5世紀前半に王朝が始まったようです。あまり規模の大きくない衛星都市としてコパンに支配され、彫刻などの芸術の影響もコパンから強く受けていました。しかし、第14代の「カック・ティリウ・チャン・ヨアート（カウアック空）」王のとき、コパンの第13代「ワシャクラフーン・ウバーフ・カウィール（18ウサギ）」王を捕らえて首をはねるという一大事件が738年に起こりました。それ以降、キリグアはコパンから独立し、石碑を次々に建てていきました。この遺跡の特徴でもある高い石碑は、まさに王朝の勢力を表しています。石碑のなかで特に目をひくのは、マヤ最大の高さ10.7mに及ぶ石碑Eです。しかし、9世紀前半になると石碑は建てられなくなり、キリグアは放棄されてしまったと考えられます。

　キリグア遺跡には、石碑のほかに動物の形をした神をモチーフとした祭壇が複数あり、コパンの石彫を発展させたもので芸術的価値が高いのです。でも他の遺跡のような大きな建造物は少なく、高いピラミッドも現在残っていません。ですから、この遺跡に行く場合は、どんな石碑や彫刻があるのか、ある程度勉強してから訪れるのがお勧めです。大きなピラミッドだけを期待して行くと、がっかりするかもしれませんね。

コパンのマヤ遺跡

高い芸術性を誇り、「アメリカ大陸のアテネ」ともいわれる東南マヤ地域の中心地。

　コパン遺跡はホンジュラスの西端に位置し、マヤ文明の最盛期を代表する四大都市の一つです。ホンジュラスの首都テグシガルパよりも、グアテマラシティからのアクセスが便利です。426年にグアテマラのペテン地方北部（おそらくティカル近辺）からやってきた「ヤシュ・クック・モ（ケツァル鳥・コンゴウインコ）」という人物によって古典期マヤ王朝が始められ、9世紀前半まで16人の王によって統治された王国が存在していたことがわかっています。

　大広場には、芸術のレベルの高さを物語る彫刻のある石碑や祭壇が立ち並んでいます。特に、高浮き彫りや丸彫り様式の石碑群は、コパン独特のものです（**口絵9**）。これを見て、考古学者シルヴァヌス・モーレーは「アメリカ大陸のアテネ」と表現しました。球技場を南に進むと、有名な神聖文字の階段（26号神殿）があります（**図9**）。階段には一段一段、びっしりと2200以上のマヤ文字が刻まれ（**図10**）、コパン王朝の歴史が記録されていて圧巻です。

　さらに南側に進むと、たくさんの建築物があるアクロポリスがあります。このアクロポリスには、考古学的に重要な16号神殿があります。一般の人たちは神殿の内部を見ることはできませんが、古い王の墓（神殿）が覆われるようにして、いくつもの新たなピラミッドが何重にも造られています。16号神殿の前には、最も重要な記念碑である祭壇Qがあります。現在コパン遺跡にあるものはレプリカ（複製）ですが、側面にはコパン王朝16人の王の肖像が4人ずつ刻

第2章 マヤ文明にも世界遺産はあるの？

26号神殿の階段には、コパンの王朝の歴史を記録した文字が刻まれている。マヤ文明でもっとも長く大きな文字史料。

図9　コパン遺跡の「神聖文字の階段」（筆者撮影）

図10　「神聖文字の階段」に刻まれたマヤ文字（筆者撮影）
　　マヤ文字が、2200以上も階段の正面部分にびっしりと刻まれている。

まれており、歴代の王の系譜がわかるのです。記録上の最後の王が「ヤシュ・パサフ（日の出）」で、初代王から王権を表す杖を手渡されています。

なお、コパンは天文学が非常に発達し、7世紀には一年の周期がほぼ正確に計算されていたことがわかっています。マヤ東南部の政治の中心地であると同時に、科学や芸術の中心でもありました。中村誠一さん（ホンジュラス国立人類学歴史学研究所）が発掘・保存活動を指揮していて、現在世界でもっとも注目されているマヤ遺跡の一つです。

ホヤ・デ・セレンの古代遺跡
ピラミッドのような目立った建物はないが、日常を伝える貴重な遺跡。

エルサルバドルの西北部に位置する遺跡で、名称は「セレンの宝物」という意味です。6世紀にロマ・カルデーラ火山が噴火して、街は火山灰に埋もれてしまいました。1976年に発見され、当時の建築物、トウモロコシ畑、マメ、日用品などが当時のままの状態で見つかりました。当時の人々の生活がよくわかる遺跡で、学問的な価値がとても高く、有名なイタリアのポンペイ遺跡と学問的性格が似ていることから「アメリカ大陸のポンペイ」と表現されることがあります。

建物はすべて日干しレンガで作られていて、土台や壁は植物の茎を骨組みにして作られています（**図11**）。ただ、ピラミッドのような目立った建物がなく、観光客にとってはおもしろみに欠けるかもしれません。小さな博物館が設置されましたが、公開されている建

第 2 章　マヤ文明にも世界遺産はあるの？

図11　ホヤ・デ・セレン遺跡の建造物（筆者撮影）
　日干しレンガで作られた12号建造物。骨組みをはじめとして建造物の構造がよくわかる。

物も含めて、説明はあまり詳しくありません。遺跡公園自体もあまり宣伝しているとはいえず、私もバスの中から見落としそうになるほど、入口に小さな看板が立っている程度です。

古代都市テオティワカン

マヤではないが、マヤと深いかかわりのある都市遺跡。

　メキシコシティの北東部約50kmに位置する遺跡で、名称は「神々の場所」という意味です。この遺跡を中心としたテオティワカン文明はマヤ文明には属さないのですが、マヤ文明に大きな影響を与えたことがわかっています。テオティワカンは紀元前150年～紀元後650年ころに栄え、かなり入念な計画のもとに都市が建設さ

れました。碁盤の目状に区画され、中心となる軸上には長さ5km以上の「死者の大通り」が敷かれています。この大通りの方向は真北から15度25分ずれていて、北側には「月のピラミッド」があります。さらにその延長線上には、聖なる山であるセロ・ゴルドの頂上が位置しているのです。「死者の大通り」沿いには、一辺220m以上、高さ60m以上という大規模な「太陽のピラミッド」や、「ケツァルコアトル（羽毛の生えた蛇の神）神殿」などが建てられています。メキシコの首都であるメキシコシティに行けば、必ずといっていいほど観光客が訪れる人気のある遺跡です。壮大なスケールの遺跡公園なので、見ごたえは抜群です。

　テオティワカンの文化要素でマヤ文明に見られるものとして、タルー・タブレロ様式（斜めと垂直な壁面を組み合わせた建築）や円筒形三足土器などが有名です。また、ゴーグルをした雨の神トラロックも、テオティワカンからマヤに伝わったモチーフです。ティカルに侵入したテオティワカンの人々が、ティカルの王朝を支配したという説もあります（Stuart 2000）。このように、マヤ文明と深いかかわりのある重要な都市遺跡なのです。

第3章 マヤ文明はどうやって発見されたの？

大航海時代の「アメリカ」発見

▶ インド航路を求めたコロンブスの航海が、「アメリカ」の発見につながった。

　マヤ文明が発見された時代のことを理解するには、当時の世界史の背景を知らなければなりません。現在の「アメリカ」を発見したのは、1492年にサン・サルバドル島に漂着したクリストファー・コロンブスでした。コロンブスが活躍した当時、ヨーロッパでは「大航海時代」といわれる時期で、価値の高い香辛料（コショウなど）を直接手に入れるために、スペインやポルトガルが新しいインド航路を開拓しようとしていました。

　このころ、ヨーロッパの多くの人々は、地球は平らで端に行けば海が滝のように流れ落ちていると信じていました。ですから、ヨーロッパより西側を航海することは、滝に飲み込まれてしまう恐ろしい未知の世界を旅することを意味していたのです。でもコロンブスは地球が丸いという考え方を信じて、インド（正確には「インディアス」というアジアの桃源郷）に到着するためには西に進めばよいと考えて航海したのでした。そして彼はサン・サルバドル島に漂着しました。15世紀のヨーロッパでは、「アメリカ」は存在しないと思われていたので、コロンブスは死ぬまで自分が到達した場所を「インド」だと信じていました。でも、彼が到達した大陸は、今ま

で知られていなかった場所だとわかりました。その後、南アメリカを探検したアメリゴ・ヴェスプッチの名にちなんで、その大陸を「アメリカ」というようになったのです。ちなみに、カリブ海の島々を現在「西インド諸島」といいますが、それはこのような歴史によるものなのです。

その「アメリカ」のことを、ヨーロッパ人が新たに発見した大陸ということで「新大陸」とも呼びます。でも、この呼び方はヨーロッパからの一方的な見方ですから、当時アメリカ大陸に住んでいた先住民のことを無視した表現といえるでしょう。だから、私はこの「新大陸」という言葉を授業では使わないようにしていますし、教科書に出てくれば必ずその意味するところを指摘するようにしています。

▶マヤ文明の発見

マヤ人との初めての出あいは、コロンブスの4度目の航海のときだった。

コロンブスが初めてマヤ人と出あったのは、最初の航海のときではなく、彼が4度目の航海をした1502年のことでした。そのとき出あったマヤ人は、丸木舟で交易をするためにユカタン半島からやってきたといわれています。

さて、アメリカ大陸発見後、スペイン王室はマヤの探検に資本をつぎ込むようになり、黄金を手に入れることを目的として、1519年にエルナン・コルテス一行がコスメル島を訪れ、さらにメキシコ高原に上陸しました。当時メキシコ高原にはマヤとは異なるアステカ王国が栄えており、彼らは1521年にここを征服しました。さらに彼

らはユカタン半島に進出しましたが、マヤ人による激しい抵抗にあいました。けれども結局、南部マヤは1524年に同じスペイン人のペトロ・デ・アルバラードによって、北部マヤはやはりスペイン人のフランシスコ・デ・モンテホによって、それぞれ征服されました。ユカタン半島に現在あるメリダという町がスペイン人によって建設されたのは、1542年のことだったのです。

しかし、その後も小規模ながらマヤ人のスペインに対する抵抗は、ジャングルの奥地で続きました。スペイン人がマヤ人の最後の拠点であるタヤサル（ペテン・イツァ湖）のカネック王を征服したのは、結局ユカタン総督だったウルスアが軍隊を率いて破った1697年のことでした。一応この都市がマヤ人の最後のとりでだったと考えられていますが、現在でもマヤ先住民は生き続けており、先住民の権利を守ろうと活動しているのです。

▶ スペイン人によるマヤ征服

マヤ人による文書は、キリスト教宣教師たちによってほぼ焼き払われた。

古代マヤ文明の記録としては、スペイン人の修道士であるディエゴ・デ・ランダの残した『ユカタン事物記』が有名です。しかし、この書物に書いてある内容は16世紀のマヤの情報であり、紀元前17世紀から始まった古代マヤ文明の一部でした。ですから、その全容を解明するためには、スペイン人が征服した以前の古い史料を手に入れることが必要なのです。16世紀にスペイン人がマヤを征服したとき、おそらくはマヤ人たちが書き残していた記録があったはずです。しかし、多くの宣教師たちはマヤ人を野蛮な民族ととらえ、キ

リスト教を広めるために、マヤ人たちの書物を焼き払ったり、偶像を破壊したりしました。また、興味本位にそういった貴重な資料を集めたことも考えられます。そのため貴重な情報源が失われることになるのです。現在確認されているマヤ人自身による記録は、『ドレスデン絵文書（コデックス）』、『パリ絵文書』、『マドリード絵文書』、そして『グロリエ絵文書』の四つです。その他の記録は、石碑や壁画などに記されているマヤ文字によるものですが、この文字の解読が十分ではなく、いわゆる文字記録のみでは限界があります。そこで、マヤ研究者は考古学による資料を用いて、古代マヤ文明の文化的内容を明らかにしようとしています。

▶マヤの探検

19世紀になって、ヨーロッパに古代マヤ文明が広く知られるようになった。

18世紀になると、ヨーロッパ人による未開の地への探検がさかんになりました。世界的に有名なのは、イギリス人のクックによる太平洋探検ですが、そのころマヤ文明の遺跡への探検も本格的になりました。ジャングルの中で埋もれている建物に興味を持ち、冒険家や画家、旅行家、そして研究者が遺跡に足を踏み入れたのです。

19世紀のなかばになると、世界的にもますます奥地への探検が活発となります。アフリカ内陸部にはイギリス人のリヴィングストンが入り、1855年にヴィクトリア瀑布を発見したことは有名です。マヤ地域でも同様に多くの人物が活躍しましたが、古代マヤの情報を世界に発信したという意味では、ジョン・ロイド・スティーヴンズとフレデリック・キャザウッドが果たした役割が大きなものでし

第3章　マヤ文明はどうやって発見されたの？

た。彼らはいくつかのマヤ遺跡を訪ね、スティーヴンズは文章を、キャザウッドは絵画を担当し、マヤ文明についての書物を出版しました。その本によって、ヨーロッパでは古代マヤ文明の存在が知られるようになったのです。スティーヴンズについては1841年に発表された『中央アメリカ、チアパス、ユカタンの旅の事物記』が、キャザウッドについては1844年に出版された『中央アメリカ、チアパス、ユカタンの古代遺構の風景』が、マヤ文明を広めた代表作といえるでしょう（Stuart and Stuart 1993: 38）。

　20世紀の人物では、19世紀後半から活躍していた冒険家のテオベルト・マーラーを欠かすことができないでしょう。ただし、彼はマヤ考古学では有数の調査チームであるハーバード大学のピーボディ博物館と契約を結んだものの、発掘調査は行いませんでした。最初の学術調査は、19世紀末に行われたピーボディ博物館によるコパン遺跡の調査でした。20世紀になってからも、引き続き学術調査は行われました。しかし、ヨーロッパ人の多くは非ヨーロッパ世界を文明が遅れた社会だとみなしていたため、マヤ文明を劣ったものだとする偏見も含まれていました。客観的に正確な分析が始まったのは、20世紀もなかば過ぎになってからだったのです。

第4章
マヤ文明はどこでいつおこったの？

まずは正確な知識から
教科書でも古い情報がそのまま書いてあることが多い。

　マヤ文明という言葉を聞いたことがあっても、どのような特徴がある文明なのか知っている人は多くはありません。中学の教科書には、マヤ文明についての話はほとんど載っていないでしょう。高校の教科書に書いてある内容も、非常に限られています。多くの高校用教科書に載っているのは、「ピラミッドの建築物があり、独特な暦や絵文字を持った都市」であることです。そして「鉄器が使われることはない」文明でした。ただ、古い情報が載っていることがあり、そのままうのみにしてしまうと危険です。

　たとえば、マヤ文明の栄えた時代について、いくつかの教科書には「マヤ文明は4～9世紀に栄えた」と書いてあります。でもこの時期幅はまちがいです。おそらく古い情報がそのまま使われているか、マヤ低地（ジャングルの中心地）の最盛期だけをクローズアップしているかのどちらかがその理由だと思われます。こんなことを書くと教科書会社にけんかを売っているようですが、いくつかの教科書会社の編集者は私の意見をきちんときいてくれて、すでに訂正作業に入ってくれているようです。

マヤ文明はどこでおこったの？
メキシコ東南部からエルサルバドルの北西部にかけての地域がマヤ圏。

　それではまず、マヤ文明がどこでおこったのか見ていきましょう。世界遺産の章ですでに読んでもらったように、メキシコ、グアテマラ、ホンジュラス、エルサルバドルにマヤ文明は成立しました。でも、メキシコやエルサルバドルは全域ではなく、一部にすぎません。それから、忘れていけないのはベリーズという小さな国です。この国は1981年にイギリスから独立した国で、以前はイギリス領ホンジュラスと呼ばれていました。ですから、他の国ではスペイン語が話されていますが、ベリーズでは英語が話されています。私はスペイン語を話すのが下手ですから、ベリーズに滞在するのは比較的楽です。それに、この国には、ラマナイやカラコルといった学問的にとても重要な遺跡があるほか、洞窟調査もさかんで、私も参加したことがあります。

　さて、以上五つの国はいったいどこにあるのでしょうか。すべてわかる人は、ほとんどいないのではないでしょうか。私が教えていた高校生には、「アフリカ」と答えた人もいました。それくらいなじみの薄い国々です。しっかり地図で確認しておきましょう（**図3：20ページ**）。でもわからなくて当然です。私もこの５カ国の場所が正確にわかるようになったのは、何を隠そう大学生になってからでしたから。

定住生活が始まった時期＝先古典期前期
マヤ文明で発見された最古の土器は、紀元前1700年ころ。

　マヤ文明といっても、地域によって成立や発達の時期は同じではありません。ですから、ここではだいたいの時期区分について見てみましょう。マヤを含めたメソアメリカ（中央アメリカにおける文化的な地域の名称）でトウモロコシやマメ類などの初期農耕が始まったのは紀元前7000年ころで、これを「古期」といいます。でも、本書は一般的なマヤ文明のことを理解してもらう立場なので、この時期は省きます。そうすると、マヤ文明は大きく「先古典期」、「古典期」、「後古典期」に分けられるのです（**表2：50ページ**）。

　マヤ地域で、最も古い土器が発見された時期は紀元前1700年ころです。でもこの土器はジャングルの中というよりも、太平洋に近い地域で見つかりました。土器が使われ始めたということは、日用品が増えるということを意味しますから、いわゆる定住農耕生活に入ったと考えられます（猪股 2004：2）。つまり、季節ごとに移動した生活から定住をもとにした村落ができてきたということになるでしょう。このような時期を「先古典期前期」といい、紀元前1000年ころまで続きます。ただしマヤ低地では、定住農耕村落はもう少し遅くならないと出てきません。

都市の支配者が登場した時期＝先古典期中期
支配者が出現した階層社会は、紀元前1000年ころから開始。

　マヤ地域では、紀元前1000年ころになると、副葬品がおさめられ

た墓や都市の中心人物の存在を示すような記念碑が作られるようになり、明らかに都市を治める支配者が出現したと考えられます。支配者がいるということは、社会に階層がなければなりませんから、マヤ社会において人々がそれぞれの役割を担い始めたことを意味します。でも、そのような社会はまだジャングルの中心地であるマヤ低地には広がっておらず、おもに太平洋沿岸やマヤ高地に見られたようです。マヤ低地では定住農耕村落がはっきり現れ、都市づくりが始まった程度でした。このような時期を「先古典期中期」といい、紀元前400年ころまで続きます。

マヤ文明で大きなピラミッドが出現した時期 ＝先古典期後期

▶ ジャングルの中心のマヤ低地に、紀元前400年ころに大きな都市が出現。

　紀元前400年ころになると、ジャングルの中心のマヤ低地に大きなピラミッドを持つ都市が出現し始めます。代表的なものは、ナクベ遺跡やエル・ミラドール遺跡です。特にエル・ミラドール遺跡では、紀元前3世紀ころから巨大なピラミッドが造られます。まだこの遺跡の調査は進んでいないので、今後編年はもっとさかのぼる可能性もあります。紀元前400年以降の時期を「先古典期後期」といいますが、すでにこの時期に最盛期を迎えていた都市が存在したことが明らかになっているのです（中村 2005:66）。

　エル・ミラドール遺跡の「ダンタ・ピラミッド」は、あのティカル遺跡の「4号神殿」の65mを超える高さだったと推計されており、相当力の強い支配者がいたことになります。また、近年発見された

グアテマラのサン・バルトロ遺跡では、マヤ最古の王墓、王権の起源に関する神話やマヤ文字が描かれた壁画が確認されました。これは、「先古典期後期」に王権や文字が存在したことを示す大発見です。マヤ高地や太平洋沿岸の都市が発達するなか、マヤ低地にも巨大なピラミッドが建てられたセンターが出現してくることから、この時期からマヤ文明の発展が始まったと、私は考えています。「先古典期後期」は、マヤ低地が成長する紀元後250年ころまで続きます。

▶マヤ文明で低地が発展した時期＝古典期前期
多くの石碑が建てられ、250年以降にマヤ低地に都市国家が次々と発展。

　250年ころになると、マヤ低地では都市国家がどんどん成立します。「どんどん」というのは、私は先古典期後期のエル・ミラドールも都市国家だったと考えているので、必ずしも250年ころに都市国家が「開始」されたわけではないと思うからです。つまり、この「古典期」の枠組も、見直されるときが来るかもしれません。
　それはさておき、「都市国家」とは、人口が集中した都市であることはもちろん、専門的な職業を持った人々が階層化した社会で活躍し、政治を管理する官僚が存在し、政治権力を独占する王が特定の血筋によって受け継がれるような都市をいいます（中村1999:126）。石碑の解読によって、そのような状況だったことがわかっています。
　現在確認されている石碑に刻まれたマヤ低地最古の日付は、世界遺産に登録されているティカルの「292年」です。高い神殿ピラミ

ッドが建てられ、王の業績を記した記録が石碑に残された時代が、古典期前期といえるでしょう。

▶ マヤ文明の最盛期＝古典期後期

マヤ低地を中心に、600年ころから都市国家どうしが勢力争いを激化。

　古典期前期の中心都市だったティカルがライバルのカラクムールに敗れたため、それまでの都市国家どうしのバランスが崩れ、新しい都市国家が成立したのが「古典期後期」の始まりです。およそ600年から始まったとされています。マヤ全体の人口もかなり増加し、先に書いた世界遺産で紹介したパレンケ、カラクムール、そしてコパンなどが発展しました。各都市国家はそれぞれ複雑な同盟関係を結び、強力な都市は他の都市を支配しようと勢力争いを激しくしました。

　ただ、これらの都市国家も、9世紀に入るとその勢いを失っていきます。王が建てていた石碑も減り、巨大なピラミッドも建設されなくなっていきます。この時期の宗教、芸術、政治などの文化・社会的な特徴が、このあと本書で触れる要素の大部分となります。そして、この時期のおもな遺跡がジャングルの中にあるので、「マヤ文明＝ジャングルの文明」というイメージを多くの人が持っているようです。「古典期後期」が終わる一応の目安は、9世紀末となっています。地域によって、あるいは都市国家によって多少のずれがあります。ですから、このあとの「古典期終末期」との厳密な線引きは難しいのです。

▶ マヤ低地の都市が崩壊した時期＝古典期終末期
900年ころに、マヤ低地の都市が次々と放棄。

　9世紀になると、マヤ低地の都市は次々と放棄されます。しかし、これは突然理由もなく放棄されたわけではありません。興味本位に、マヤ文明は突然崩壊したといわれることもありますが、崩壊は徐々におこっていたと考えられています。詳しい話は後の第10章で取りあげることにしましょう。

　このマヤ低地の都市が崩壊した時期を「古典期終末期」といいますが、この時期は「古典期後期」に含まれることもあれば、「後古典期前期」に含まれることもあります。ですから、何年から何年までという正確な数字で書くことはできません。早ければ9世紀後半から、遅ければ10世紀前半というように、少し幅を広くして考えてください。そしてみなさんに注意してほしいのは、この崩壊はあくまでも「マヤ低地」の中部や東南部に見られる現象で、北部にあたる「ユカタン半島北部」では新たなマヤ人勢力によってその後最盛期を迎える都市もあるということです。すべてのマヤ文明が、この時期の枠組に入るわけではないことをしっかり理解しておいてください。

　この時期の目安は、王の業績を記録した石碑が建てられなくなっていくということでしょう。今のところ、マヤ低地で最後の日付が記録されている石碑は、メキシコのトニナー遺跡にある「909年」です。石碑が建てられなくなったということは、王の権力が小さくなってしまったことを意味するにほかなりません。

マヤ低地の北部にマヤ文明の中心が移った時期
＝後古典期前期

▶ ユカタン半島北部に、900年ころチチェン・イツァが勢力拡大。

　マヤ低地中部で繁栄していた都市国家が衰退する前後に、マヤ低地北部にあるチチェン・イツァが力をつけてきます。ユカタン半島北部での二大都市であるチチェン・イツァとマヤパンの勢力が交替する時期で、「後古典期」を前期と後期に分けるのが一般的です。「後古典期前期」は900〜1200年ころとされています。

　この時代のチチェン・イツァでは、王が独占的な力で都市国家を統治するのではなく、何人かの力を持った人たちが共同で政治を行う集団統治へと変わったようです。そしてその統治集団は、同じ血筋を持った人々だとされています（ランダ1982）。

　このように社会のありかたが変わっただけでなく、明らかに建築や芸術などの文化様式も変化します。戦闘シーンが石彫に多く見られることが、そのいい例です。それはプトゥンと呼ばれるメキシコの一族の影響だとされてきましたが、プトゥンがユカタン半島に侵入したかどうかは、研究者の意見が分かれるところです。

古代マヤ文明がほぼ終わりを告げる時期＝後古典期後期

▶ 16世紀に、ついにスペイン人がマヤ地域に侵入。

　チチェン・イツァの政治家たちが争いを起こし、この都市が衰退すると、代わってユカタン半島ではマヤパンという都市が勢力を拡

大します。それがだいたい1200年ころです。マヤパンはチチェン・イツァの統治方法を引き継ぎ、政略結婚をしながらマヤパン連合という同盟関係を強化したようです（寺崎 1999:78）。しかし、共同統治にもかかわらず、ユカタン半島北部には小国家が存在していました（中村 1999:269-271）。そして、マヤパン連合は政治権力の争いで15世紀なかばに崩壊してしまい、マヤパンは放棄されました。

　一方、マヤ高地でも都市が建設されます。高地を利用して、防御用の壁に囲まれた都市が造られ、都市どうしの争いが激しくなりました。防御用の壁は、ユカタン半島北部のマヤパンでも見られます。この時代は、以前マヤ低地中部などで見られた高いピラミッドが建てられることも少なく、マヤ低地北部とマヤ高地で栄えた都市も社会が変質してしまいました。やがて、これらの都市は、16世紀前半に侵入してきたスペイン人によって滅ぼされるのです。

▶ マヤ文明はなくなってしまったの？
スペイン人征服から逃れたタヤサルのマヤ人。

　マヤ低地北部とマヤ高地ではスペイン人に征服され、マヤ人が信仰していた宗教も弾圧されていきました。でも、細々とではありますが、マヤ人の一部はマヤ低地の奥地へ逃れて生活を続けたのです。それがタヤサルでした。タヤサルは、現在のペテン・イツァ湖（図3の地図参照：20ページ）のあたりだとされています。前に書いたように、タヤサルは1697年についにスペイン人によって征服されます。

　でも、それでマヤ文明は本当に終わったのでしょうか。あまり知られていませんが、古代マヤ文明は終わっても、マヤ文明は生き続

第4章　マヤ文明はどこでいつおこったの？

けています。今日でも、ジャングルで生活しているラカンドン族は古代マヤ人の血を受け継ぎ、昔ながらの神々への信仰を守っています。また、先住民の権利がなくならないように人権運動を続けている人もいますし、織物のようなマヤの伝統品も作られているのです。もし、あなたがそれを自分の目で確かめたければ、ぜひメキシコやグアテマラに行ってみてください。

年　代	時代区分
前1700〜前1000年	先古典期前期
前1000〜前400年	先古典期中期
前400〜後250年	先古典期後期
250〜600年	古典期前期
600〜800年	古典期後期
800〜900／1000年	古典期終末期
900／1000〜1200年	後古典期前期
1200年〜1500年代	後古典期後期

表2　マヤ文明の編年表
今後、古典期の見直しが必要か？

第5章 マヤはどんな文明なの？

マヤ文明に見られる文化要素
▶ 鉄器は使われなかったが、高度な石器技術を持った文明。

　それではおおまかに、でも正確にマヤ文明がどんなものなのか見ていきましょう。高校の教科書を例にとってみると、都市国家、ピラミッドの建築物、絵文字、暦といったものが代表的なマヤ文明の要素だと説明されています。

　他の大陸の古代文明と比較した場合、マヤ文明の特徴として、鉄器が用いられなかったこと、車輪や大型の家畜が利用されなかったことがあげられます。鉄器が使われないというと、とても遅れた文明だったと感じてしまうでしょう。でも、マヤ人は鉄器の代わりに石器を利用して、石造りの建造物をはじめ、さまざまな道具を作っていました。鉄器がなくとも、かなり高度な技術を持った文明だったといえます（青山 2005）。また、車輪や大型の家畜が利用されなかったのは、ジャングルなどの自然環境のためにむしろ輸送や移動が不便だったことや、川や水路を利用した水上交通が発達したのも理由の一つでしょう。ただ、移動の大半は徒歩だったようですが。

▶ マヤは都市国家群

絶対的権力を持った人物がマヤ全体を統一することはなかった。

では、おもな文化要素をチェックしましょう。まず「都市国家」はマヤ文明のキーワードです。正確には「都市国家群」といったほうがいいでしょう。マヤ地域全体を統一する皇帝のような絶対者は現れず、都市国家どうしが並び立っていました。ですから「マヤ帝国」というものは存在しません。第4章でも触れましたが、特に古典期（3〜10世紀）には都市国家間で勢力争いが繰り広げられ、上下関係ができて一定の秩序が保たれたようです。詳しくはこのあとの章で説明したいと思います。

▶ ピラミッドの石造建築

ピラミッドは神殿として使われ、王の墓として造られたものも多かった。

マヤ文明の遺跡を訪れると、一部の遺跡を除けば、私たちの目に飛び込んでくるのは石造りの「ピラミッド」です。主に神殿に使われたと考えられ、王の墓に利用されたものが多いこともわかっています。

多くの場合、神殿ピラミッドの前には広場があり、そこで儀式を行ったと考えられます。神殿の上にある部屋で、王や儀式を司る神官たちがその儀式を見ていたのでしょう。そのような神殿の中からも、王の墓が見つかっているものは少なくありません。でも、王の墓として造られたピラミッドもあります。第2章でも書いたパレン

ケ遺跡の碑文の神殿（図4：21ページ）などがそのいい例です。今ではマヤ文明のピラミッドが墓として使われたことは常識ですが、60年くらい前は、そんなことは想像もされていなかったのでした。

▶ マヤ文字
絵文字だけでなくいくつかの種類があり、複数の要素で構成。

　マヤ文字は、基本的にはそれ自体で意味を表す「表語文字」と、それ自体で音を表す「音節文字」によって構成されます。その他にも、数字を・や—で表す文字（**図12**）や、都市のマーク（エンブレム）を表す「紋章文字」（**図13**）などがあります。同じ意味を表す場合でも、何通りかの文字で表すことが多く、なかなか理解するのに苦労しています。数字はゼロの概念を持っていて、ゼロは貝の形で表します。ですから、教科書では「絵文字」となっていますが、それ以外のマヤ文字もたくさんあるのです。もちろん絵に見えるものも多いのですが、もっと複雑でいくつかの要素が組み合わさって文字を構成しています。

　当時文字を読んだり書いたりしていたのは、特定の教養を持った階級の人々だったと思われます。これらの文字は石碑や土器、建物

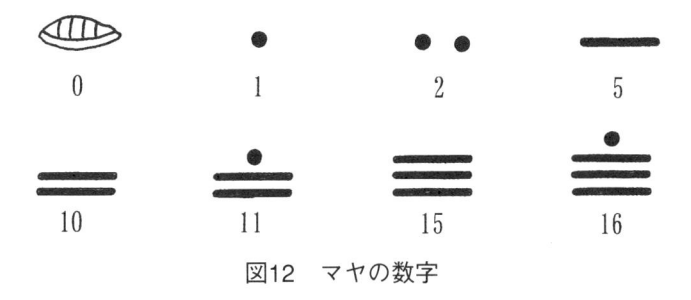

図12　マヤの数字

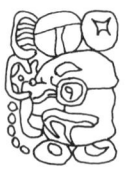

第5章　マヤはどんな文明なの？

　　ティカル　　　パレンケ　　　カラクムール　　　コパン

図13　マヤの四大都市を表す「紋章文字」

(Sharer 1994 Fig.4.2 をもとに作成)
ティカルの紋章文字の右部分は「歯痛文字」としても知られている。
コパンの紋章文字の右部分は「コウモリ」を表したもの。

や洞窟の壁などに記され、儀式や歴史的事件などが記録されました。ここ30年ほどで急速に解読が進められてきましたが、すべての文字が理解されているわけではありません。でも、解読されてきたおかげで、それぞれの都市国家の歴史やかかわりがわかってきています。

▶ マヤ暦
時間は回っていて、長期暦によるともうすぐ世界は終わり!?

　マヤ人は、独特のマヤ暦を持っていました。暦には260日暦、365日暦、長期暦などがありますが、基本は20になると位が変わる二十進法という数え方、そして循環して時間が元に戻ってくるという考え方にあります。「260日暦（ツォルキン暦）」は儀礼に用いることがあったのですが、これと農耕に用いられた「365日暦（ハアブ暦）」を組み合わせて、約52年で元に戻る（260と365の最小公倍数が約52年の日数になります）という「カレンダー・ラウンド」も使いました。この循環するという考え方が、マヤ人の都市の再生や滅亡の理由にされることもあります。

ただ、52年周期だとどの周期なのかわからなくなります。たとえば300年の範囲で考えると、6回近く周期が回ることになります。それに対し、「長期暦」はその名のとおり約5125年という長い時間を数えるための暦ですから、今のところまだ一周していません。ですから、石碑に刻まれた年代を知るにはとても重要な暦です。

　でも、「長期暦」によると、私たちが生きているこの世は紀元前3114年8月13日に始まり、来たる2012年12月23日に終わることになっているのです。この考え方によれば、数年後に世界の終末が迫っていることになります。実際、この世の中に何かがおこるというたぐいの説が飛び交っていて、占いも含めていくつかそのような本も出版されていますね。さあ、みなさんはどうしますか？　でも、「ノストラダムスの大予言」のときも世紀末と騒がれたわりには何もおこりませんでしたから、安心していいのではないでしょうか。

▶ マヤの天文学は超一流
マヤの天文学的知識は、現在のものとほとんど変わらない！

　さあ、以上がよく教科書に載っている文化要素で、ちょっぴり詳しく見てきました。でも、その他にもまだまだマヤ文明の特徴はたくさんあるのです。

　暦と関係するのですが、マヤでは天文学がとても発達していました。彼らがはじき出した数値は驚くべきもので、現在の数値とほとんど一緒です。たとえば、月は太陽の周りを一周するのに平均29.53059日かかりますが、当時は29.53020日としていました（Coe 2005: 226）。誤差はわずか0.00039日しかありません。機械などない古代マヤでは、すべて手計算だったわけですからまさに神がかりで

す。また、日食や月食がなぜおこるか、そしてそれはどういう周期でやってくるかも、正確に知っていました。おそるべしマヤの天文学です！

　天文観測と関係ある建物として有名なのは、第2章で見たチチェン・イツァにあるカラコルの天文台でしょう（**口絵5**）。それから、天文学的知識をいかして造った建築には、同じ遺跡にある「ククルカンの神殿」がありましたね（**口絵2**）。

▶星の運行を戦争に利用
マヤ人の都市国家は、星の動きで「金星戦争」をしかけた。

　月のほかにも、金星や木星などを精密に観測し、かなり細かい暦を作り上げました。それらの暦は、農作業、儀礼の実施、戦争の開始に利用されたのです。特に金星の運行によって戦争を開始した都市国家が存在したことは、よく知られています（Milbrath 1999）。「内合」や「外合」のあとに金星が初めて現れたとき、戦争を行ったのです。金星は太陽の周りを地球より近いところで回っていますが、地球側で太陽・金星・地球が重なるところを「内合」（**図14**の右側）、地球と反対側で重なることを「外合」（**図14**の左側）といいます。この「合」のとき、ちょうど金星が見えなくなるのです。内合のあとは明けの明星として、外合のあとは宵の明星として、それぞれ金星の輝きが増すので、いつもより明るい金星が見え始めると、王が戦争にゴーサインを出しました。まさに「金星戦争」ですね。このことを大ヒット映画のタイトルを意識して「スター・ウォーズ」と書いている本は、結構多いのです。

　そのような金星の運行によって戦争した都市とは、あのティカル

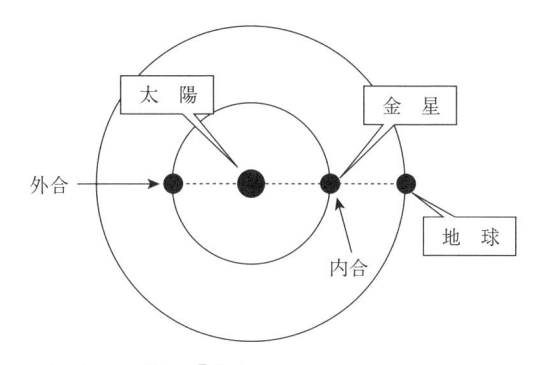

図14　太陽・金星・地球の「合」
金星が太陽と重なる「合」のあと、金星の輝きが増すために戦争のサインとなった。

です。第9代「大ジャガーの爪」王のときに隣国ワシャクトゥンを征服した378年、第21代「ダブル・バード」王がカラコルの「水」王に捕らえられて殺害された562年などは、代表的な「金星戦争」なのです。

ちなみに、金星が太陽を一周する会合周期を、古代マヤでは584日と算出していましたが実際には583.92日ですから、本当に古代マヤ人の天文学的知識は見事なものですね。

マヤ人の食事
何といってもトウモロコシが主食。

メキシコ中央高原のテワカン谷やグアテマラのマヤ高地で育った野生のイネ科植物のテオシンテが、現在のトウモロコシの先祖であるという説が多く受け入れられていますが、その他の説もあります。テオシンテは1本で多くても10粒くらいしかならないので、今みな

さんが想像するトウモロコシとはまったく違います。現在のトウモロコシは改良を重ねた栽培用の品種なのです。当然魚や肉も食べたでしょうが、古代マヤ人はその改良したトウモロコシを主食としていました。

トウモロコシは焼畑によって作られました。でも、焼畑は2～3年に一度休ませないと土地の栄養がなくなってしまうので、生産効率はあまりよくありません。そこで同時に行われた農業が灌漑農業です。川から水路をひいてきて、土も川や水路にたまった土を使うことで栄養のある畑ができました。斜面を段々畑にしたり、住居の周りに家庭菜園を作ったりもしたようです。

トウモロコシといっても、日本で採れるような甘さたっぷりのものではありません。食べ方は、マノ（石棒）とメタテ（石盤）という道具で石灰水につけたトウモロコシをつぶして粉にし、蒸したり焼いたりして食べていたと考えられます。古代マヤでは、タマルという蒸し団子やトルティーヤという薄くて丸いパンのようなものなどを食べたようです。現在の中央アメリカでも、トルティーヤにトウガラシや野菜、マメ、肉などをはさんでよく食べられています。みなさんにはタコスの皮の厚いやつといったほうが、きちんとわかってもらえるかもしれませんね。

▶ アメリカ大陸から伝わってきた食べ物
トウモロコシ、カボチャ、マメなどが中央アメリカ原産。

中央アメリカのテワカン谷では、起源前7000～5000年ころに、トウモロコシのほか、カボチャ、アボカド、トウガラシといった植物の栽培が始まりました（MacNeish 1964）。ですから、正確にいえば

「マヤ地域」原産ではなく、中央アメリカ原産ということになります。その他のメソアメリカ原産の植物といえば、キャッサバという根菜、インゲンマメ、カカオ、サツマイモなどがあげられます。また、嗜好品としてはタバコも中央アメリカ原産です。でも、古代マヤ人の食卓には、これらのものが並んでいたことは確かです。

　ここで、少しだけおもしろいコメントを残しておきましょう。まず、トウモロコシのイメージは黄色だと思います。でも黄色いものだけではありません。赤や黒のトウモロコシって想像できますか？このことについては、第8章でまたお話しすることにします。

　また、カカオはチョコレートの原料です。チョコレートは甘いものというのが定番ですが、もともとカカオは甘いものではありません。カカオは古代マヤにおいて王や貴族が飲んでいたもので、トウガラシを混ぜていました。ココアのイメージを持っていると、とても奇妙に感じるかもしれません。カカオは儀式で使われたほか、貨幣の役割も果たしてきた貴重な豆だったのです。滋養強壮用に薬として使われたこともありました。現在のような利用法が始まったのは、コロンブスがスペインに持ち帰ってからのことでした。カカオはアマゾンが原産だとされていますが、古代マヤで初めて栽培されたようです。

　ちなみに、同じアメリカ大陸である南アメリカ原産といえば、ジャガイモ、トマト、落花生などがあります。アンデスでは現在もジャガイモが主要食物ですし、私たちの食卓でもおなじみです。このように、私たち日本人はアメリカ大陸の古代文明の恩恵をかなり受けているといえます。地理的には遠いアメリカ大陸も、実は日本にとって身近な存在だったりするのです。

第6章
マヤ文明には絶対的な支配者がいたの？

▶ 碑文解読によりマヤの王朝史が明らかに
都市国家どうしが支配権をめぐり争っていた。

　ここ30年でマヤ文字の解読が進み、そのおかげで石碑に書いてある王がかかわった出来事や事件が少しずつ明らかになってきました。この章でこれから紹介する話は、文字解読がなければわからなかったことがほとんどです。

　考古学の立場では、ある都市で「もの」が発見されると、どの都市との交流があったのか明らかにします。たとえば、多くの貴重な「もの」が都市Bから都市Aに流れているならば、都市Aに強い勢力があったと考えることもできます。また、都市Bが都市Aに商品として「もの」を意識的に流していれば、逆に都市Bが交易を支配していることも考えられます。ですから、「もの」だけでは、どちらの都市の勢力が強かったのかは単純にはわかりません。もちろん、それ以外のさまざまな要素もしっかり考えて、当時の勢力関係や流通ルートを推測するわけですが。

　そういった考古学の弱点を補うのが文献史料になります。マヤ文明の場合、文献史料にあたるのが碑文や壁画などに記録されたマヤ文字になります。最盛期である古典期マヤでは、第5章で読んでもらったように、マヤ地域全体を統一する皇帝のような絶対者は現れ

ず、都市国家どうしが勢力争いをしていました。このことは、王がどこの都市に勝利したとか、どこの王を捕虜にしたとか、重大な事件が碑文に記録されていたためにわかったことなのです。

この章では、マーティンとグルーベの研究成果（Martin and Grube 2000）をもとに、都市国家や都市国家間の関係について整理してみることにしましょう。

▶ 古代マヤにおける都市国家の支配者
神格化された王といえども、永続する権力はなかった。

古代マヤの都市国家の支配者は、人間の姿でこの世に下りてきた神の子孫として振る舞いました。霊的な世界へ入るような超自然的な儀式を通じて神々と特別な関係を持ち、神聖なる王として君臨したのです。ですから、王の称号には神の名前が用いられることもありました。たとえば、ティカルでは「カウィール（蛇の足のある王の守護神）」や「キニチ（視点が定まらない太陽の神）」という神の名が、王にもつけられています。古典期の王は石碑に自分の姿を彫らせ、王への即位や戦争の勝利などの個人の業績を記録させて王権を強化しました。王は強い戦士でもある必要があったので、他の都市国家との戦争を指揮することで信頼を得ようとしました。王が率いる都市国家どうしが支配権争いをし、勝利した王がその地域を支配していったのです。ただ、その王は儀礼・宗教的にカリスマ性を持っていたために支配できたのであって、その権力はいつ弱まってもおかしくない状況だったようです。実際の政治は、有力な臣下にゆだねられていたと考えられています。つまり、いくら神格化された王といっても、永久にその権力を持つことはできなかったのです。

都市国家間の関係

他の都市国家の王との間には「優越王－従属王」という上下関係があった。

　都市国家どうしで、お互いに同盟を結んで都市を維持していた様子もわかってきました。最近の研究者の間では、力のある王である「優越王」が他の都市国家の王を支配して「従属王」にしたと考えられています。ただし、すべての都市国家の王がランクづけできるのではなく、一握りの都市国家の王がその地域をたばねる力を持っていたのです。ですから、いわゆる「王の番付」というのはありません。

　では「優越王」が力を持っていたゆえんは何だったのでしょうか。それは儀礼にもとづいた神聖なるもので、それゆえ臣下たちは王に従ったのでしょう。そして、そのカリスマ性を武器に、「優越王」は軍事力を使い、交易活動をして富を得ていったと思われます。

「優越王」のカリスマ性

戦わずして「従属王」を支配した!?

　力のある都市国家の王は、ライバルである「神聖王」を支配して「従属王」にしました。他の神聖なる王を従えることによって、自分はより偉大な「神聖王」になれたのです。そうして「優越王」はよりカリスマ性を増していきました。そのカリスマ性を保つために、「優越王」は支配した都市国家と政略結婚をし、上下関係を強化したのです。

このような名声は、まだ支配下に入っていない都市国家にも広がり、戦争に何度も勝利することでそのカリスマ性が増し、戦わずに他の都市国家を勢力下におさめることに成功する場合もあったと考えられています。そのカリスマ性を大きくしたのは儀礼であり、かなり痛みを伴う王としての儀礼があったことがわかっています。これについては、第7章で詳しく見ていきましょう。

▶「優越王」はどの都市国家の王か？
ティカルとカラクムールが古典期マヤ中部低地の二大勢力。

　古典期のマヤ中部低地において、ティカルとカラクムールは二大勢力でした。ティカルはカラコルやウカナルなどの都市国家を、カラクムールはドス・ピラスやナランホなどの都市国家を従えていたと考えられています。そして、ドス・ピラスとティカルは強力なライバル関係にありました。これらのことは、石碑や土器などに書いてある碑文の解読で明らかにされました。しかし、意外なことに「優越王」の石碑には「従属王」を支配していたことがほとんど記されていません。自分の力を誇らしげに記録させてもよさそうなものだと、私は思うのですが。「優越王」との力関係が逆転したときなどに、それまで下であった「従属王」側が勝利を記録したと考えられています。ですから、石碑に記録されていない都市国家どうしの上下関係も、当然あったことになります。

　現在のところわかっている都市国家間のおもな関係は、**図15**のとおりです。上下関係と対立関係が同じ都市国家間で見られるのは、対立はしていたものの、戦争によって「支配―従属関係」が成立したということです。

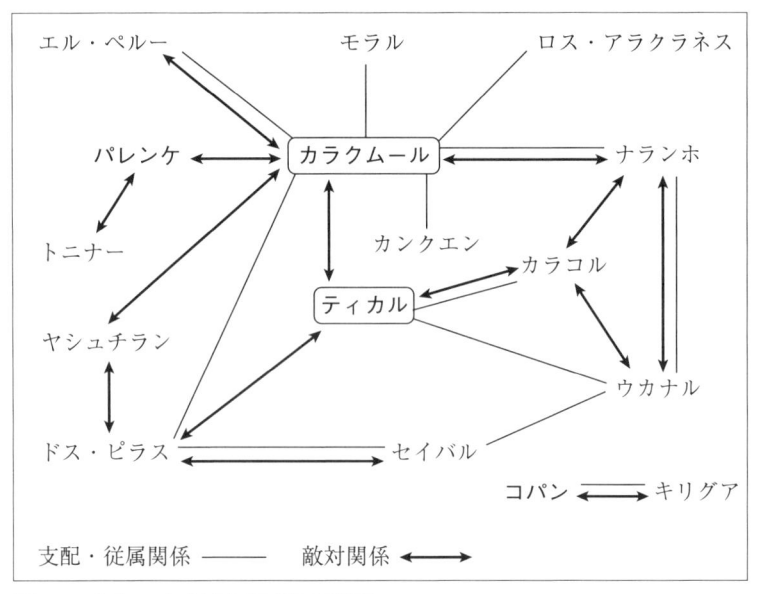

第6章 マヤ文明には絶対的な支配者がいたの？

```
        エル・ペルー    モラル    ロス・アラクラネス
              ↘        ↓         ↙
  パレンケ ←→ [カラクムール] ←――→ ナランホ
     ↕              ↕              ↕
  トニナー      カンクエン     カラコル
                    ↓         ↙    ↕
              [ティカル] ←――         ↕
                  ↗   ↘             ↕
  ヤシュチラン           ↘        ウカナル
     ↕                    ↘      ↗
  ドス・ピラス ←――――→ セイバル
                        コパン ←――→ キリグア

  支配・従属関係 ――――    敵対関係 ←――→
```

図15 主なマヤ都市国家間の関係
　ティカル、カラクムールがマヤ南部低地の中心都市であり、そのほかに四大都市としてパレンケとコパンの勢力が強かった。

▶ティカルの戦争の記録

6世紀にカラクムールに敗れて勢力が衰えたが、7世紀末にティカルがリベンジ。

　少し細かくなりますが、せっかくですから具体的な都市国家間の戦争の記録を見てみることにしましょう。
　5世紀なかばにティカルの「シヤフ・チャン・カウィール2世（空から生まれたカウィール）」王がウカナルを支配下に置いたとする記録が、土器に書いてあったのです。また、戦争ではありませんが、「ワク・チャン・カウィール（ダブル・バード）」王は553年に

カラコルの王の即位式において後見人になっていることが記録されています。でも、この後すぐにカラコルはティカルの支配下からはずれたことがわかっています。そして562年に、カラクムールの「空を見る者」王に敗れて、ティカルは一時衰えてしまうのでした。その後もカラクムールに劣勢だったのですが、672年にドス・ピラスの王を追放することに成功し、ついに「ハサウ・チャン・カウィール１世」が695年にカラクムールを破り、復興を果たしました。さらに、743年に「イキン・チャン・カウィール（空を暗くするカウィール）」王がカラクムールと同盟を結んでいたナランホを攻撃してその王を捕虜にしましたから、ティカルの権力が復活したといえるでしょう。しかし、その後も周辺の都市国家は活発に活動しており、やがて「ハサフ・チャン・カウィール２世」の建てた869年の石碑が最後となりました。ですから、９世紀後半にはティカルは衰退したと考えられています。

▶カラクムールの戦争の記録

ティカルに勝ってからティカルに負けるまでの約130年はカラクムールの天下。

546年にカラクムールの「トゥーン・カップ・ヒシュ（石・手・ジャガー）」王は、ナランホの王の即位を補佐したという記録が石碑に刻まれていました。このような関係は、ナランホがカラクムールの支配下に入ったことを示しています。そして、勢力を拡大したカラクムールは、562年には「空を見る者」王がカラコルを支援して大都市ティカルを破り、それ以降はマヤ中部低地において中心的な存在となりました。その後も周辺の都市に戦争をしかけ、勝利し

て支配を広げていきました。代表的な事件は、「渦巻きヘビ」王が599年と611年にパレンケを攻撃した戦争や、「ユクノーム頭」王が631年にナランホに勝利をおさめ、その王を殺した事件などです。でも、パレンケは完全に支配されるには至りませんでした。ですから**図15**には、対立関係の⟷のみ記してあります。また、652年には「大ユクノーム」王がティカルの「ヌーン・オフル・チャーク」王を攻撃し、大勝利をおさめています。この7世紀前半から後半にかけてが、カラクムールの最盛期でした。このころ、ドス・ピラスと同盟を結び、ティカルと戦争していたと考えられています。

しかし、695年に「イチャーク・カック（炎のかぎ爪）」王がティカルに敗れ、カラクムールは衰退しました。こうして見てくると、カラクムールの盛衰はティカルの盛衰と大きな関係があったことがわかります（**表3**）。

ティカル	年代と事件	カラクムール
ワク・チャン・カウィール王	562年 カラクムールがティカルに勝利	「空を見る者」王
	599年・611年 パレンケを攻撃	「渦巻きヘビ」王
	631年 ナランホに勝利し王を処刑	「ユクノーム頭」王
ヌーン・オフル・チャーク王	652年 カラクムールがティカルに勝利	「大ユクノーム」王
ヌーン・オフル・チャーク王	672年 ドス・ピラスの王を追放	
ハサウ・チャン・カウィール1世	695年 ティカルがカラクムールに勝利	イチャーク・カック王

表3　ティカルとカラクムールの関係

第7章
マヤ文明の思想や宗教は日本のものとは違うの？

　さあ、だいたいマヤ文明についてわかってきたでしょうか。ここからの第7章から第9章では、私が数年来研究テーマにしている「マヤの精神文化」についてまとめてみたいと思います。マヤ人が古代世界においてどんなことを考え、感じていたのか、意外な面もあったことを楽しんでほしいと思います。

▶日本もマヤも多神教
マヤ人も自然に存在するいろいろなものに神が宿ると信じていた。

　「八百万の神」という言葉を聞いたことがあると思います。実際に800万も神様がいたわけではないのですが、それくらい数多くの神々がいたということになります。この表現は、現在残っている日本の歴史書である『古事記』に書かれていたものですから、古代の日本はたくさんの神々を信仰する多神教だったことがわかります。神が自然に存在するものに宿っていると考える信仰を「アニミズム」といいます。

　マヤ人もたくさんの神々を信じていました。たとえば、マヤ人が書き残した『ドレスデン絵文書』には、雨の神やトウモロコシの神などさまざまな神々が描かれています（**図16**）。やはり、マヤ人の信仰も「アニミズム」であり、キリスト教やイスラーム教のように

1．雨の神　　　　　　2．トウモロコシの神

図16　マヤの神々（Sharer with Traxler 2006 Fig.13.4 をもとに作成）
ここに示した神はほんの一部であり、その他にもたくさんの神々が存在した。

絶対的な力を持つ唯一の神を信じたのではなかったのです。

マヤ人はさまざまな儀礼を重視
儀礼は王の権威と大きく関係していた。

　では、同じ多神教で「アニミズム」から出てきた信仰であれば、マヤ文明の信仰も日本の信仰も似ていたのでしょうか。答えはノーです。古代マヤ人は、日本よりもかなり宗教儀礼を重視していました。その儀礼が都市国家の王の権威と大きく関係していたのです。第6章で見てきたように、カリスマ性を持たなければならなかった王にとって、儀礼の重みは相当なものだったと考えられます。特に目をひくのは、かなり痛みをともなう儀礼が多いことです。痛みを辛抱することも、王の権威づけに必要だったのでしょう。

では、具体的にどんな儀礼があったのか、見ていくことにしましょう。

▶王は血を流すことが大事

王は血を流す儀礼によってカリスマ性を高めた。

王は定期的に自らエイの尾や黒曜石などのナイフ、骨でできたキリなどで傷つけ、血を流すことで神聖なる立場を守ろうとしました。では、いったいどこを切って血を流したと思いますか？ 何と男性

図17 ヤシュチラン遺跡のリンテル24に見られる流血儀礼
(Tate 1992 Fig.98をもとに作成)
ヤシュチランの王「盾ジャガー」のもとで、王の妻が舌に穴をあけて流血儀礼を行っている様子。

は性器を傷つけて血を流したこともあったのです。痛さは想像したくもありませんが。一方、女性は舌に斜めに穴をあけてそこにワラを通したことも知られています（**図17**）。そのほか、自分の耳をずたずたに切って血を流してそのまま印として残したり、ほほや下唇に穴をあけたりもしたようです（ランダ 1982:352）。

　このような血の儀礼は、王だけに限ったものではありませんでした。エリートの貴族もこのような儀礼を行って神々に対して血を捧げ、自分たちの地位を確保しようとしたのです（Schele 1986）。

▶ 王は儀礼で踊りを披露
王は派手に着飾って多くの人の前で踊った。

　土器に描かれた絵や石碑を見ると、王は緑色の鮮やかなケツァル鳥（グアテマラの国鳥）の羽などで装飾された頭飾りをかぶり、ヒスイの胸飾りや首飾りを身につけて、神殿の前にある広場で踊ったと思われます。さらに、王は仮面をつけて踊り、神々の力と深い道理を悟るすぐれた才能を見せ、神聖さを示したと考えられています（猪俣 2004: 15）。また、このような宗教儀礼のときには、ほら貝のような吹奏楽器や太鼓を使って、神官や貴族が雰囲気を盛り上げたのです。このような儀礼は、特に痛みをともなうものではありませんから、王もほっとしていたかもしれません。

▶ 洞窟も重要な儀礼の場
最近、暗くて大きな洞窟の調査が進められている。

　マヤの神話などによると、洞窟は地下界の王国である「シバルバ」

への入口と考えられ、そこにはたくさんの超自然的な生き物や神々がいて、地上の人間の生活に影響を与えていたと考えられていました（Reents-Budet and MacLeod 1997:86）。洞窟の中は静かで暗いため、日常とは異なった空間ですから、古代マヤ人にとっても特別な空間だったことは想像できます。「シバルバ」はキチェ・マヤ語で「恐怖の場所」を意味しますから、洞窟はマヤ人にとって毎日の生活とは違った神聖な場所であり、重要な儀礼の場所だったのでしょう。だから、私たちがマヤ人の思想や儀礼を研究するには、洞窟がとてもよい資料になります。以前は、洞窟は単に人が住む場所だと考えられていましたし、調査の技術的問題もあってあまり関心を集めていませんでした。けれども、ここ30年くらいで、暗い大きな洞窟が

図18　ベリーズ西部のバートン・クリーク洞窟（筆者撮影）
　　　洞窟から水が流れ出てきているため、調査地点に行くためには小型ボートに機材を載せて川をさかのぼって行かなければならない。

第7章　マヤ文明の思想や宗教は日本のものとは違うの？

積極的に調査されるようになってきましたし、私自身も調査に参加させてもらったことがあります。実際に調査で洞窟に入ると、宗教儀礼が洞窟の中でも行われていたことを実感できます。特に川が入口から流れ出てくるような大きな洞窟では、そう感じます（**図18**）。でもそれは雰囲気だけでなく、洞窟の中から発見されたものからも推測できるのです。では、洞窟の中での儀礼とはどんな内容のものだったのでしょうか。

▶ 洞窟で女性の人骨発見
洞窟では、神へのいけにえが捧げられた。

　ベリーズにあるいくつかの洞窟では、人骨が多く発見されています。これらの人骨は、細かい骨のかけらが地面の中に埋まっているもの、ある程度大きなかけらが地面に埋まっているもの、そしてほぼ完全な形の人骨が地面の上に横たわっているものとさまざまです。どのような状態で人骨が見つかったかによって、墓として洞窟が使われたのか、宗教儀礼としての場だったのかが違ってきます。

　トゥニチル・ムクナル洞窟では、ほぼ完全な形で女性が地面の上に横たわっていました（**図19**）。骨が洞窟内の鍾乳石と一体化してしまっていて、うまく調べることが難しいかもしれませんが、これは洞窟に住んでいる神に対して女性がいけにえとして捧げられたのではないかと思います。

図19　トゥニチル・ムクナル洞窟で見つかった人骨（小林桃子撮影）
洞窟から流れ出てくる川を歩いてさかのぼり、儀礼を行った場所で発見した人骨。すでに石灰化しており、簡単に人骨を取り去ることはできない。

▶洞窟でも血を流す儀礼があった

洞窟でも、神に対して自ら体を傷つけて血を捧げていた。

　先ほど読んでもらいましたが、血の儀礼が行われるのは、都市にある儀礼の場だけではありません。黒曜石でできた石刃（ナイフ）が、洞窟でも発見されています。この道具は、これまでもマヤ人が自らを傷つけて血を神に捧げた道具として考えられてきました。絵文書にもそういった場面が多く描かれていますし、グアテマラのナフ・トニッチ洞窟の壁画にも血の儀礼の様子が描かれているのです（Brandy and Stone 1986）。
　このような血の儀礼に関係するかどうかはわかりませんが、洞窟

第 7 章 マヤ文明の思想や宗教は日本のものとは違うの？

図20 チェチェム・ハ洞窟にある石碑のある部屋（筆者撮影）
洞窟の奥深くにある空間で見つかった石碑と環状に並べられた石。現在、石碑に刻まれた文字や図像は読み取れない。

が儀礼の場だった証拠はほかにもあるのです。ベリーズのチェチェム・ハ洞窟には、石碑が立てられた部屋が一番奥にあります（図20）。その石碑の周囲には環状に小石が並べてあり、明らかに儀礼に使われたことがわかりますね。また、洞窟の中からも骨で作られたフルートやこわれた笛、そして太鼓のかけらが発見されていますから、洞窟でも先ほど書いたような楽器を使った儀礼が行われていたと思われます。

▶ 洞窟のしずくはどんな水？

洞窟内では、しずくを神聖な水として集めていた。

みなさんは鍾乳洞に行ったことがありますか。私が住んでいる

東北地方には、岩手県の龍泉洞や安家洞、福島県のあぶくま洞などの有名な鍾乳洞があります。鍾乳洞の中に入ると、冷たいしずくがポタポタ落ちています。だいたい、鍾乳洞の中に見られるつらら状の石は、長い時間をかけて水がしたたり落ちて作られたものなのです。だから、鍾乳洞の中はひんやりとしていて、水があるのは当たり前なのですね。

　ユカタン半島北部にあるバランカンチェ洞窟には、その影響で柱のようなものが形成されています。柱のたもとは儀礼で使う祭壇のように盛り上がっていて、長年にかけて水滴に穿たれてできたくぼみは、香炉を置くのに適した形になっています。この洞窟からは、雨の神トラロックが描かれた香炉が多く発見されました（Andrews 1970）。香炉とは、コパルといわれるお香を炊く容器のことです。ですから、雨のように落ちる水滴を集め、お香を炊く儀式が行われていたと推測できます。実は、洞窟での儀礼は現代マヤ人の間でも続けられていて、雨の儀式を行う際には「処女水（スフイ・ハ）」と呼ばれる水を、洞窟の上から突き出たつらら状のところから集めています（Thompson 1959:124-126）。

▶ どうして洞窟の中に調理用具のミニチュアが残されていたのか？

洞窟で農作物が豊かにとれるように神に祈る儀礼が行われていた。

　バランカンチェ洞窟には、ほかの洞窟には見られない特徴があります。それは、異常なほど多数のメタテやマノが残されていたことです。メタテとマノは、通常調理用としてトウモロコシなどをすり

つぶす役割を果たすもので、儀式に使われる用具としてはあまり知られていません。この道具が調理用具以外で利用されていた例は、ごく一部の墓の副葬品として見つかっているだけなのです（多々良2001）。しかも、この洞窟にあったメタテとマノは、普通のものよりかなり小さく、とても調理用具とは考えられません（Andrews 1970）。では、なぜその道具が洞窟に置かれていたのでしょうか。それはおそらく、農作物が豊かにとれるように神に祈る儀礼が行われていたのではないでしょうか。

　そのことを説明してくれるかのように、トウモロコシの穂軸が発見された洞窟もあります。古典期と後古典期に描かれた絵には、トウモロコシの練りだんごが捧げられた場面が見られるのです。

▶ どうしてわざと土器が壊されているのか？
この世界が一旦終わるという終末儀礼と関係がある。

　洞窟の中には、割れた土器が散らばっていることがあります（図21）。破片となった土器の中には、落ちてきた岩によって破壊されたのではない痕跡のあるものが見られます。つまり、何らかの意味があってわざと壊されたものがあるということです。これは「終末儀礼」と呼ばれるものと関係していると思われます。第5章でも説明しましたが、暦には52年ごとに時間が循環するという考え方があります。そのサイクルの終わりに合わせて、物が捨てられたり壊されたりするという説もあるのです（Thompson 1959:128）。また、宗教儀礼が終了したら、すべてを清めて「無」にして、一から新しい生活を始めようとしたとも考えられます。この「終末儀礼」については、私自身が研究不足なのでここで結論を出すわけにはいきませ

図21　チェチェム・ハ洞窟の壊された土器（筆者撮影）
洞窟の中では、儀礼の際に持ち込まれたと思われる土器が多く発見されているが、わざと壊されたと考えられる土器の破片も多い。

んが、その可能性があることだけは書いておきます。

泉も聖なる儀礼の場

泉の底から人骨や数々の遺品が発見された。

　第2章で紹介したチチェン・イツァ遺跡のところで、「聖なる泉」（図6：25ページ）の話をしました。その遺跡に代表されるように、神へのいけにえを泉に投げ込む儀礼もありました。日照りのときには、水を求めて生きたまま人間を泉に投げ込みました。でも、その人は死んだわけではないと信じられ、人々が大切にしていたものも泉に投げ込んだようです（ランダ 1982）。実際、聖なる泉の底をさらった大変な作業の結果、数多くの品々が発見されました。織物や

紡錘車、土器、石器、ヒスイや黒曜石、貝などで作られた装身具、楽器と思われるほら貝、骨でできたキリなど、本当に多くのものです。その中には、人の頭蓋骨で作られた香炉もありました（Coggins 1992）。また、お香の材料となったコパルという樹脂のかたまりが土器に詰まった状態で発見されていますから、きっと投げ込む前にコパルを焚く儀礼を行ったのでしょう。ただしこのいけにえの儀礼は、後古典期後期（1200年）以降にさかんになったようです。

球技も重要な儀礼の一つ
球技は単なるスポーツではなくいけにえを決めるための儀礼。

　球技というと、私たちは単なるスポーツだと思ってしまいますが、これも立派な儀礼の一つなのです。多くの遺跡から球技場が見つかっているのですが、代表的なものはやはりチチェン・イツァ遺跡の大球技場（口絵10）でしょう。その球技とは、手を使わずにゴムでできたボールをコート沿いあるいはエンドゾーンにつけられた輪をくぐらせたり、丸い標識に当てたりする競技です。この競技は、多い得点をあげたほうが勝ちなのですが、問題なのは勝敗の意味です。これは単に勝ち負けの話ではなく、負けたチームのキャプテンは首をはねられてしまうのです（口絵11）。恐ろしい儀礼ですね。ですから、必死に球技をしたはずです。この球技のルールは時代や地域で差があったようですが、サッカーのように手を使わずに的にボールをぶつけたとも考えられます。洞窟の壁画には、球技に参加するために防具をつけた人物も描かれています（Stone 1995: Fig.8-21）。

　なお、この球技の標識には地下界への入口を示す渦巻き文様が刻

まれている場合が多いのです。ですから、古代マヤ人はボールを地下界と地上とを行き来する太陽や月、金星に見立てていたという考えもあります（寺崎 1999: 101）。

▶儀礼では幻覚剤も利用したのか？
キノコを用いて幻覚を見た。時には浣腸(かんちょう)によってキノコを摂り入れたことも！

　宗教儀礼をする際に、幻覚剤としてキノコを用いたのではないかという説があります。「幻覚キノコ」を霊的な存在とみなし、これを体内に入れることであの世と交信する儀礼を行ったというのです（大井 1994）。絵文書にも、キノコがマヤの古い儀式に使用されたことを示すものがあります。では、どのように「幻覚キノコ」を体内に摂り入れたのでしょうか。その方法はさまざまですが、飲み込んだり吸い込んだりするほか、浣腸によってお尻の穴から入れられたこともありました（Furst and Coe 1977）。何とも驚くべき儀礼ですが、神官が儀礼的浣腸をする様子が土器などに描かれています。神官は意識がもうろうとし、魂が体から抜けて天に昇るか、地獄に落ちるかのような幻覚を起こし、死者や自然界の霊と意思のやりとりができたと考えられています（トレス 1994: 56）。

　その説を支える考古資料として「キノコ石」があります。「キノコ石」とミニチュアのマノやメタテが一緒に発見された例もあり、キノコがすりつぶされて儀礼に使われたのではないかと考えられています（大井 1994）。柄の部分に、超自然的な力を持つと信じられていたサルやウサギなどの動物の姿が彫刻されることもあります（図22）。ただ、「キノコ石」はマヤ高地や太平洋沿岸に集中して見

第7章 マヤ文明の思想や宗教は日本のものとは違うの？

図22 サルが彫られたキノコ石（敦賀1994図VII-2をもとに作成）
　　　キノコは儀礼のときに使われたと考えられ、キノコ石にサルが彫られていたことは宗教的要素が強いと思われる。

られるので、「幻覚キノコ」を使った儀礼がマヤ地域全体に広がっていたのかはわかりません。

▶石器を作ることも儀礼の一つ
儀礼的な意味を含んだ数が石器の製作に込められていた。

　石器を作るのは、ただ道具を作るためだけの行為ではなかったようです。コパン遺跡にある祭壇の下には、宗教儀礼の供物として石器を作るときに出た石くずが納められていました。その石くずは、20個の岩から削られたものだと分析されました。20という数字は、二十進法を使っていたマヤ人にとって大切な数字でしたから、はじめから20という数を意識していたのではないかと考える研究者もい

ます（青山 2005: 134）。また、民族史料によると、石器を製作する職人は、石器を作る前に断食し、祈りを捧げたといいます。

　ところで、トウモロコシをすりつぶして食べるための道具にマノとメタテという石器がありますが、それをわざと壊して建造物の基礎部分に埋めた可能性もあります（Garber 1989: 22）。ただ、この事例については、明らかに儀礼目的で埋められたという根拠があるとはいえないので、もう少し調査や分析を行う必要があります（多々良 2001: 90）。

　いずれにしても、石器はただの便利な道具というだけではなく、それ以上の儀礼的な要素があったのでしょう。

第8章
マヤ人にはどんな世界観があったの？

　古代マヤ人は、彼らなりに世界がどのようにできているのかを考え、信じていました。そのような考え方を「世界観」といいます。マヤの世界観は、建築物に反映されていたことがわかっています。そこで本章では、建築物を中心にその世界観を見ていくことにします。

▶ マヤ人は世界がどのようにできていると考えていたの？

13層の天上界、ワニやカメの甲らによる大地、そして9層の地下界でできていた。

　どの民族にも世界観があるように、当然マヤ人たちにもどのように世界が創られ、どのように宇宙が成り立っているか、そして方向にはどのような意味があるかという概念が存在します。マヤ人の世界では、神によってトウモロコシから人間が創られたと、神話『ポポル・ヴフ』に記されています（レシーノス1977）。

　マヤ人は自分たちが住んでいる大地のほか、天上界と地下界があると信じていました。バカブという方位の神が、四隅で天上界を支えていると考えていました。天上界は13の層に、地下界は9層にそれぞれ分かれているとされていたのです。また、大地はパワートゥーンという老神4人によって支えられていると考えていました。大地は海に浮かんでおり、時にはワニの背中、時にはカメの甲らにた

とえられることがあります。大地から地下界に抜けるには、洞窟を通る必要がありました。つまり、洞窟は地下界に通じる神聖な入口だったのです。洞窟の重要性については、このあと説明することにしましょう。

▶ 色で表した四つの方位

▶ 四つの方位は、マヤで作られたトウモロコシの色で表されていた!?

　四つの方位、東・西・南・北は、それぞれ赤・黒・黄・白で表されています。最も重要だと考えられていた東は太陽が生まれた方位であり、赤で表現されました。逆に西は、「太陽が死んでいく＝沈む」方位なので黒ということになります。南は東に次いで大切な方位で、太陽の右手、すなわち脇にあるものとして認識されましたが、赤に似た色として黄色を用いたのでしょう。北は冬の訪れとともに降る冷たい雨をもたらす方位であり、白となったと考えられます。実はこの４色は、中央アメリカ原産のトウモロコシにある色なのです。日本ではトウモロコシは黄色ですから、ちょっと意外ですね。

　世界の中心は青緑で表されますが、マヤ人にとって緑は特別なものでした。というのは、王や貴族など、社会的な地位が高い人の墓にはヒスイが副葬されていることが多いのですが、緑はヒスイという高貴な石の色と一致し、「命」を表す色ともいわれているからです。世界の中心には神々や鳥が住んでいて、世界樹が立っています。その世界樹は縦・横・垂直の軸のすべてが交わっている中心となっており、天上界・大地・地下界のすべての世界に存在しています。天上界には枝が、地下界には根がはり巡っていて、世界樹はその名

第8章 マヤ人にはどんな世界観があったの？

のとおり世界の象徴なのです。

▶ 建築に見られる方位観
北の空間は「死後の世界」を、南の空間は「この世の世界」を表している。

　古代マヤ人は、方位を意識して空間を作り出しました。太陽が通る道として東西の軸を最も重要な方角として考えていました。特に、太陽の昇る東は、権力に関連した方向として認識され、その方向軸を基準に建物を造っていたのです。

　また、南北を軸に都市を造ったともされています。例えばコパン遺跡では、中心グループに古代マヤ人の世界観を見ることができます。大広場と呼ばれる北側には石碑が多く建てられていて、アクロポリスと呼ばれる南側には神殿が多く存在します。これは「北＝神聖な空間」、「南＝世俗の空間」を意味していると考えられています。北に位置する神聖な空間は、「死後の世界」を表現したものとも解釈されています。それは先祖が住んでいる天上界を表し、亡くなった王などの記録を石碑に刻んでいるからです。逆に南に位置する世俗の空間は、「この世の世界」を表していると考えられます。当時生きていた人々が儀礼や政治を行うなど、重要な建築物が目立つからです。また、第7章でふれたように、球技場は死と深くかかわっていたので、この北と南をつなぐ役割をになっています。つまり、「北と南＝あの世とこの世」をつなぐ役割を果たすものとして建設されたといえるのです（Ashmore 1991）。

ウシュマル遺跡に見られる世界観

▶ ウシュマルの「尼僧院」には、北＝天上界、南＝地下界が表現されている。

　ウシュマル遺跡の長細い建物に囲まれた四角い中庭を持った建造物である「尼僧院」には、宇宙にかかわる世界観が表されていると考える研究者もいます（Kowalski 1985）。それによると、「尼僧院」のうち北側の建物には入口が13個ついていて、他の三方のものより高くなっています。これは、天上界が13層からなっていることを象徴していると考えられます。しかも屋根には天上界にいる蛇の彫刻が見られるので、この北側の建物は天上界を表現しているというのです。また、西側の建物には七つの入口がありますが、この数字は大地の神秘的な数を意味しています。しかもこの西側の建物の壁にはパワートゥーン（大地の神の化身であるカメ）が装飾されていることから、ここが太陽の沈む大地の場所を表しています。さらに東側の建物には、太陽神を表すモザイク文様が飾られていて、太陽が生まれたと言い伝えられる「中間の場所」を象徴しています。そして南側の建物には入口が９個ついていて、他の三方のものより低くなっているのです。これは、地下界が９層からなっていることを象徴していて、地下界を表現していると考えられています。

マヤ人は自然の景観をどう見ていたの？

▶ 山を神聖なるものと考え、それをピラミッドに表現した。

　日本でも「霊山」と呼ばれるものがあります。神仏をまつる神聖

な山のことですが、マヤ人も山は神聖なものだと考えていました。だから都市をつくるとき、山の近くに建設したかったのだと思います。でも、都市があるのはそんな場所だけではありません。特にマヤ低地はジャングルに覆われていますから、そうではないところもあるわけです。そこでマヤ人は、自分たちの町に山をそのまま持ってくることを考えたのです。つまり、ピラミッドを建設し、それを聖なる山に見立てたのでした。だから、ピラミッドはまぎれもなく神聖なる場だったわけです。そのピラミッドを建てることは、当然権威づけにも利用されたと考えられます。ですから、王は大きく高いピラミッドを建設したかったに違いありません。

　古いピラミッドの上に、新しいピラミッドが次々に建てられていった例が知られています。たとえばコパンの16号神殿は、何層にもわたって神殿がつくられていたことがわかっています。おそらく、昔の王の権威を封印すると同時に、積み重ねることでより大きな神殿を建てることができたからではないでしょうか。

　ところでピラミッドといえば、おそらくみなさんが思い出すのは「エジプトのピラミッド」でしょう。最近、エジプト文明のピラミッドは、単なる王の墓ではなく死後の世界を表現した空間であったという説も出ていますが、まだ「エジプトのピラミッド＝王の墓」説は一般的でしょう。マヤ文明のピラミッドにも、王の墓が多かったことがわかっています。きっと神聖な場だからこそ、カリスマ性の高い王の墓としてピラミッドを求めたのだと思います。

▶ 洞窟も山と同じように神聖な場所だった
洞窟によって天上界と地下界、この世とあの世はつながっている。

　さて、もう一度洞窟について考えてみましょう。洞窟には雨や嵐の神々が自然現象のもとになるものと一緒に住んでいると考えられていたため（Bassie-Sweet 1991:79）、洞窟は人間の世界と超自然的な世界とを結ぶ空間だととらえられていました。これは古代マヤに限ったことではなく、現代に生きているマヤ人にも見られる考え方です。マヤ人の一つであるシナカンタン族は、雨・風・雷・稲妻・雲そしてトウモロコシなどが洞窟の中で造られたと信じていますし（Vogt 1987）、洞窟の中には彼らの祖先も住んでおり、死者の魂が地下界に下っていくときには洞窟がその通路になるとも信じているのです（Brady and Stone 1986:18）。そして第7章でもふれたように、天上界と地下界は洞窟によって大地である日常の世界とつながっているというのです。石碑や土器などに描かれている絵を見ると、恐ろしい蛇の口が洞窟への入口となっているものもあります。大きく開けたその口は、聖なる水に満ちた地下界に通じていると信じられていました。

　ユカタン半島にあるバランカンチェ洞窟に入ると、まさに世界樹が洞窟の中に立っている錯覚に陥ります（Andrews 1970）。地面から突き出た部分と天井から下がっている鍾乳石がくっついているので、まるで巨大な柱のように見えるのです。その柱は、根をしっかり大地にはり、マヤの聖なる木とされている「セイバ」という巨大な木にそっくりなのです。同じような木に似た構造は、ユカタン半

第8章　マヤ人にはどんな世界観があったの？

島にある洞窟に多く認められます。マヤの世界観と洞窟の景観とが一致して、古代マヤ人がそれを神秘的に受け止めたのでしょう。

建築に表現される洞窟
建物の入口をくぐると、神々や怪物がいる超自然的世界へ。

洞窟は建築物にも表現されています。ピラミッドや神殿には、聖なる山を意味する「ウィッツ」が装飾されていることが多いのです。神殿の入口は、山に宿る魂に通じる洞窟に見立てられています。洞窟をかたどった入口の中に足を踏み入れると、そこには聖なる部屋があり、超自然的な空間に導かれるような構造になっています。つまり、山と洞窟がセットで建物に含まれる形で造られていることになるのです。同時に、神殿の入口は神々の世界に通じる洞窟としても表現されていました（中村 2004: 78）。神殿の入口が、神や怪物の口として造られているものも多いのです。

古代マヤ人は、自然の風景を建物に反映させて、神聖なる力を与えようとしたのでしょう。そして、そういう建物を造らせた王も、さらに聖なる力や政治的権威をつけていったことでしょう。

マヤ人の世界観は都市計画にも利用された？
世界観が都市計画に見られるかは、現在論争中。

このように見てくると、建築物にはマヤ人の世界観や思想が反映されています。このことをもっと突っ込んで考えると、都市計画の際にも彼らの世界観が取り入れられていると考えられます。しかし、このことには慎重な意見もあり、賛成と反対の立場から興味深い議

論が展開されています（Ashmore and Sabloff 2002; Smith 2003, 2005; Šprajc 2005）。結論はまだ先の話になりそうですが、形になりそうでならないマヤ人の精神文化のことだけに、揺るがない事実を追い求めていくこと自体が難しいことはまちがいないでしょう。私が今後調べていこうとしている研究テーマの一つです。

▶芸術品に見られる儀礼
さまざまな形に彫られた奇妙な石器「エクセントリック」。

　儀礼と関係のある芸術品として、みなさんに紹介したいものがあります。それは「エクセントリック」といわれる石器です。これは英語のeccentricから来ている言葉で、「風変わりな」とか「奇妙な」という意味になります。この「エクセントリック」石器には、大地の怪物がマヤの神を地下界に連れて行った場面を表したものや、神と思われる横顔やサソリなどの形をしたものなどがあります。不思議な形をしたこの奇妙な石器は、建物の床下にある埋納場所（キャッシュ）や墓の中から見つかっているのです。このことから、このような石器は宗教儀礼や信仰と深い関係があると思われます。実際、「エクセントリック」の削りかすを建物の下に納めるという儀礼も指摘されています（青山 2005）。

第9章
マヤ人にはどのような風習があったの？

▶ 斜視（視点の合わない目）にさせる風習

マヤ人は、斜視を神聖で価値が高いものだと考えていた。

マヤ人には、子どものときから眉と眉の間に樹脂のかたまりをぶらさげて、それを両目で見る訓練をしていたと、マヤ人を征服したスペイン人が報告しています。眼球が遺体に残っているわけではないので、考古学的に立証するわけにはいきませんが、土器や石碑に出てくる王族や貴族の目に、そのような斜視がはっきり描いてあるものもあります。それどころか、斜視の神がいるのです。第6章でも少し出てきましたが、「キニチ」という太陽神は斜視であることから、斜視が神聖で価値の高いものだと考えていたのでしょう。

▶ 歯を変形させる風習

マヤ人は、歯を削って変形させたり歯に石を埋め込んだりした。

歯の装飾には、歯の中央部分に切れ込みを入れたり、両端を削り落として全体をとがらせたりする「削歯」と、宝石類などを埋め込む「飾歯」があります。これらの風習を、学問的には「歯牙変工」という難しい用語で表現します。たくさんの種類の「歯牙変工」がありますが、グアテマラのワシャクトゥンという遺跡からは、多くの変形された歯が発見されています（Smith 1950）。前歯数本を削っ

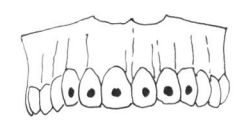

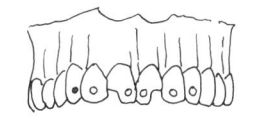

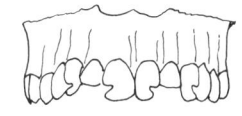

図23 ワシャクトゥンにおける主な歯牙変工

(Smith 1950 Fig.116 をもとに作成)

宗教儀礼と関係が深かった人物に、このような歯を削った風習が広まっていたと考えられる。

て「T字形」に見せたものや、鍵状に削ったものなど（**図23**）、いろいろなタイプの「歯牙変工」が墓に納められた人たちに見られるのです。

▶歯を削るにはかなりの激痛をともなう

どうして激痛をがまんしてまで歯を削ったのか。

　歯を削る技術は、マヤ地域では特に古典期に複雑になり、かなりの熟練が必要だったと思われます。麻酔剤が使われた可能性もないわけではありませんが、歯を削る時にはかなりの痛みがあり、手術後もしばらくは物をかむことができなかっただろうと多くの歯医者さんがいっています。先ほどのより目にするのとはわけが違うのです。そんな激痛をがまんしてまで、どうして歯を削る必要があったのでしょうか。おしゃれの一つだったとする考え方もあるのですが、私にはそれだけが理由とはどうしても思えないのです。

どのような人が歯を装飾したのか？
定説は貴族の通過儀礼!?

　では、どのような人に歯牙変工が見られるのでしょうか。マヤ地域には、貴族を対象にこの風習があったというのが定説になっています。私が調べたところ、確かに今のところ一般民衆の遺体からは歯牙変工が発見されていませんから、貴族の風習だと判断してよさそうです。ちなみに王級の人物には、ほとんどこの風習が認められませんので、特定の貴族にほどこされたものだったのでしょう（多々良2005b）。

　ところで、削られた歯は、奥歯ではなく前歯にほぼ集中しています。これは人に見せることを意図して行った風習だと考えられます。つまり、この風習には象徴的意味があると考えるのが自然でしょう。文化人類学の立場では、通過儀礼として説明しています。通過儀礼とは、ある年齢に達すると、大人の仲間入りするために行う儀礼のことです。今の日本社会では通過儀礼の意味あいはかなり薄れてしまっていますが、成人式などがこれにあたります。歯牙変工された人物は推定15歳以上が多く、この説と矛盾しません。

歯牙変工に宗教的意味は？
神や儀式を意識した!?

　ずいぶん!?のマークが多くなってきましたね。この「歯牙変工」のテーマは、私が研究しているものの一つなので、現在進行形なのです。だから、まだ完全にわかっているわけではありません。ただ、

緑色のヒスイを埋め込んである歯を持った人物には、墓に一緒に入れてやった副葬品にもヒスイ製品が多いことがわかっています。このことは社会的な地位が高く、宗教的な役割を果たしていた可能性を示しています。

　また、前歯を「Ｔ字形」にした例もありますが、これは『ドレスデン絵文書』に出てくる雨の神の歯と同じパターンと見ることもできます。また、先ほど出てきた斜視の太陽神「キニチ」は、前歯が「Ｔ字形」に削られているものもあります（Miller and Taube 1993: 106）。そんなことからも、この風習をほどこされた人物は、神と関係した宗教儀式でも大切な役割を果たしていたと考えられるのです。

▶頭を変形させる風習
マヤ人は、平らなひたいや後頭部を美しいと感じていた。

　マヤ人には、子どものときにひたいを平らにする風習がありました。二枚の板で前と後ろから頭をはさんでひもで縛り、頭の形を変えたのです。この風習を、学問的には「頭蓋変形」という難しい用語で表現します。この風習が行われたのは、平らなひたいや直線状の後頭部が高貴で美しいと考えられていたためです。でも、この風習はすべてのマヤ人に行われたのではなく、貴族が自らの高い身分を一般民衆と区別するためにやっていたと考えられます。それは墓に納められた副葬品の質の高さからもわかります。また、歯の変形もそうですが、頭の変形も男女差はほとんど見られません。土器や石碑に出てくる王族や貴族のひたいを見ると、確かに平たい頭をしています（**図17**：69ページ）。この美的センス、微妙ですがみなさんにはわかりますか？

なお、この「頭蓋変形」は、「歯牙変工」よりも多くマヤ地域に見られる風習です（Romero 1970）。

マヤ人もピアスがお気に入り？
耳飾りは社会的地位の高い人物に広く普及していた。

　私が初めて鼻ピアスにお目にかかったのは、アメリカに留学していたときですから、今から16年くらい前のことです。耳にするピアスは知っていましたが、鼻に「輪っか」をしている姿を見て、私は恥ずかしながらもその友人に「それって宗教的意味があるの？」などとまじめな顔できいたことがあります。その後におこった爆笑のうずは、みなさんのご想像にお任せしますが。

　マヤ人が耳飾りをしていたのは、宗教的な意味があったかどうかはわかりませんが、社会的にかなり高い地位の人物は、このおしゃれをしていました。ヒスイなどの耳飾りをしている人物が墓から出土していますし、石碑の彫刻や土器の絵に耳飾りをした人物が描かれている例はたくさんあります。王の即位の儀礼の際にも、耳飾りはしていたようですから、この風習は王族や貴族の間にはかなり広く普及していたと思われます。その他にも、かなり高級なネックレスやブレスレットもしていました。マヤ人はかなりおしゃれだったのです。

第10章
マヤ文明はなぜ崩壊したの？

マヤ文明は本当に崩壊したのか？
▶ 崩壊したといえるのは「古典期マヤ」で、マヤ全体ではない！

「マヤ文明はジャングルから突然消え去った」。そんな表現でマヤ文明の崩壊が語られることが実に多いですね。でも、本当にそうなのでしょうか。

　正確にいうならば、テレビなどのマスコミで話題にされる「マヤ文明の崩壊」は、9世紀後半から10世紀にかけての古典期終末期におけるマヤ低地の崩壊のことです。マヤ文明は後古典期にも続いており、あくまでも「古典期」という限定されたものだったのです。そして、突然ではなく100年くらいかけて「徐々に」崩壊していったというのが、多くの研究者の立場です。でも、確かにこの古典期の崩壊はそれまで栄華を誇っていた都市が次々に放棄されるという意味では、非常に興味ある出来事です。

　そして、この古典期マヤの崩壊は、ジャングルがある「マヤ中部低地」におこったのであり、ユカタン半島北部やマヤ高地では、その後も都市活動が活発に行われました。ですから、マヤ文明全体が崩壊したのではなかったことを、誤解せずにしっかり理解してくださいね。

古典期マヤが崩壊した原因は一つではない
社会内部の崩壊と環境破壊による崩壊に大きく分けられる。

では、あくまでも「古典期マヤの中部低地における徐々におこった崩壊」ということを頭に入れてもらったうえで、なぜ崩壊したのかについて見ていきましょう。

古典期マヤ文明の崩壊については、これまでも研究者によってたくさんの学説が出されてきました。それだけ関心が集まる出来事なのです。政治の中心だったエリートの人間社会から見た崩壊理由は、都市内部で戦争がおこったという考え方、外部から侵入されたという考え方、そして交易ネットワークが変わってしまったという考え方があります（Webster 2002）。都市国家どうしの抗争によって都市がお互い滅びていったという説もあります（中村 1999）。また、環境にかかわるものとしては、洪水やハリケーン、地震、かんばつなども古典期マヤ文明崩壊の原因にあがっています（Coe 2005）。さらには、農耕によって環境が破壊され、生態系という自然のバランスが崩れてしまって社会が崩壊したという考え方もあります（中村 1999）。表4に載せたおもな学説でもわかるように、「これが崩壊の原因だ」と一つにしぼることはできないのです。では、もう少し詳しく見ていきましょう。

古典期マヤが崩壊した原因の一つは都市国家間の戦争
石碑の記録や考古資料から裏づけられる。

古典期マヤ文明が崩壊した原因は、研究者によって意見の分かれ

仮　説	根　拠	可能性
都市国家間の戦争説	碑文・図像や防衛施設	◎
都市国家の内乱説	エリートの建物にある碑文・石彫	◎
長距離交易ルートの変化説	後古典期の航海術開発を示す遺跡や図像	○
外部集団の侵入説	非マヤ的モチーフ、特徴的な精製土器の流通	○
洪水・地震説	現在の災害からの推測	△
かんばつ説	乾燥化を示す花粉の発見	◎
環境・生態系の破壊説	住居跡の増加、人骨に見られる栄養失調	◎

表4　古典期マヤ文明が崩壊したおもな理由

るところですが、崩壊原因として有力だと考えられているのは四つではないかと思います。それは、都市国家間の戦争、都市国家の内乱、かんばつ、そして人口過剰とそれにともなう環境破壊です。

　まず、都市国家どうしの戦争は、第6章でも読んでもらったように石碑に記録されています。でも、考古学的にもそのことを証明する資料があるのです。古典期後期の終わりごろや終末期の遺跡からは、武器と考えられる石器や防衛施設の跡、焼かれた跡が発見されています（Demarest et al. 2004）。また、アグアテカ遺跡からは建物が徹底的に敵に破壊され、使っていた道具をそのままにして逃げた様子がわかりました（青山 2005）。

▶都市国家内で反乱が起こり、古典期マヤは崩壊した
王の権威が弱くなり、エリートの政治経済力が高まった。

　パレンケやコパンでは、それまで王に仕えていたエリートたちの

政治経済力が高まり、王から離れていった事例が報告されています。これは王が他の都市国家に捕まって殺され、王自体の信用がなくなっていったことも、大きなきっかけになったのではないかと考えられています（中村 1999）。エリートたちの力が高まれば、権威の弱くなった王に従っている必要はなくなったのでしょう。

都市国家間は、原料や商品をやりとりしていました。つまり、交換経済が国家どうしを支えていたことになります。もし王の権威が落ちていけば、その王が「優越王」だった場合、連鎖反応でそれに従属していた都市も崩壊するといった状況も推測できるかもしれません。

▶かんばつによって古典期マヤの人々は苦しんだ
古典期終末期にかんばつが起こった可能性は十分。

　かんばつによる気候変動も、有力な原因としてあげられるでしょう。ティカルを例にとって考えてみましょう。ティカルは最盛期には10万人もの人口を抱えていました。ティカルは貯水池に水源を求めていましたが、雨水だけを頼りにしていたのでかんばつには弱かった可能性があるのです。気象学による分析では、900年ごろにヨーロッパで大寒波が発生したらしいのですが、これによって移動してきた高気圧の影響で降雨帯が赤道付近に南下し、中央アメリカでかんばつが発生したと考えられます。北極の氷を調べたところ、それに含まれていた花粉分析の結果、900年ごろにかんばつが起こった可能性が高かったことがわかりました。

　ティカルで頭が切り取られた人物が集団で墓から発見されていますが、この立場を取る研究者は、彼らが神官であり、かんばつをど

うすることもできなかったため殺されたと考えています。ただ、この考え方が正しいとするならば、同じ時期に都市が放棄されずにユカタン半島北部に栄えていたチチェン・イツァのことを説明できないという問題は残ります。

▶人口増加による無理な開発が、古典期マヤを崩壊に導いた
栄養失調の人々が古典期終末期には増えていた。

　多くの都市では、農業によって維持していける人口よりも実際の人々が増えてしまった様子がうかがえます。それでも何とか食糧を生産しようと、無理に森林を伐採して農地を確保しようとしたため、環境破壊が起こったという説が有力です。コパンでは、花粉分析の結果、周囲の山がはげ山になってしまっていたことがわかりました（青山 2005）。この説を裏づけるものとして、栄養失調や病気になった人骨が墓から発見されています。急激な人口増加による無理な農地開発が、古代マヤ人を追い込んでいったことが推測できるのです。

▶みなさんがおもしろいと感じるような説も
暦にしたがって自ら都市を捨てた？

　ここで、少しだけみなさんが興味を持つような説を紹介しましょう。運命が約256年ごとに繰り返されるという暦に従って、自分たちから都市を棄てたという考え方があります。確かに、ある遺跡ではこの暦に合わせるように滅んだものもあります。しかし、そういった暦に従うのならば、マヤ地域におけるすべての都市が放棄され

なければなりません。多くの都市が同時に崩壊して放棄されなければ、この説明はつかないのです。

幻覚剤を大量に使うことで自滅したという説も
幻覚キノコによってマヤは滅びたのか？

マヤでは、シャーマンが幻覚キノコを使用することによって、マヤ文明を独自の高い水準に導きましたが、やがて運命が約256年ごとに繰り返されるという暦の信仰と合わさって、幻覚キノコが妄想をいだく精神病を悪化させて、ついに古典期マヤ文明が滅亡したという説もあります（宮西 1985）。これが本当なら、幻覚剤によって古代マヤ人は精神病になってしまい、自滅したということになります。おもしろい話だとは思いますが、多くのマヤ学者はこの考えを支持していません。正確にマヤ文明を理解してもらおうとする本書の目的に反するようなことを書いてしまいましたが、一応紹介しておきます。

いくつかの理由が重なって古典期マヤは崩壊した
一番大きい理由は宗教システムの崩壊では？

これまで見てきたように、いくつかのことが重なった複合的な理由によって、古典期マヤが崩壊したのでしょう。地域によっては、これら四つのものすべてが必ずしも当てはまるわけではないので、多少異なった原因の組み合わせも考えられます。

今のところ推測に過ぎないのですが、儀礼などで権威を保っていた王権が崩れ、宗教システムとそれにつながる社会システムが崩壊

したのではないかと私は考えています。都市の安定や食料の供給は、結果として王を中心とした儀礼によって維持されていました。ところが、いくら儀礼に力を入れても、どんなに王を信頼しても、それまでの生活レベルが維持できなくなってしまったのです。古典期マヤの人々は、神と王を結びつける儀礼によって自分たちの都市が繁栄すると信じていたことでしょう。その繁栄がかなわなくなってしまえば、王権への宗教的信頼は失われ、王を中心とする社会システムも崩壊するしかなかったのでしょう。古典期マヤの人々にとって、神と王が結びついた宗教は、私たちが考える以上に大きな意味を持っていたと思われます。

　このように、古典期マヤの都市がなぜ放棄されたのかという問題は、多くのマヤ学者が興味を持って研究を進めてきましたが、まだまだ解決できていません。ですから、これからの研究の進展が大いに期待されているのです。

▶古典期マヤの崩壊は、現代社会に警告している

戦争や環境破壊は世界の崩壊を意味することを、マヤ文明から学ぼう！

　なぜ私たちは歴史を学ぶ必要があるのでしょう。私は、歴史が現在の生活につながっていると考えています。過去にあったことから、私たちはたくさん学ぶことがあります。本書で扱った「古典期マヤの崩壊」は、非常に象徴的な出来事です。戦争は愚かなことだと世界中の人々はわかっているでしょう。でも、今の社会も世界中で紛争が絶えません。また、人間の自分勝手な行動で、環境破壊が深刻

になっています。住宅地を広げるため、あるいは木を切り倒して環境を破壊しています。極めつけは、工業化によって自然を痛めつけています。確かに生活は便利になりましたが、地球温暖化はそれと引きかえに私たち自身が招いてしまった問題です。

　古典期マヤの崩壊は、今を生きている人たちへの警告だと思えます。自分たちのことしか考えず、周りの人たちとともに生きようとすることを忘れてしまえば、まさに世界が崩壊することは、そんなに遠い将来のことではないような気さえするのです。

おわりに

　私が「マヤ文明」に興味を持ったのは、私が生まれた2日後に出版された『マヤ文明』（中公新書）と、『マヤ』（学生社）を読んだおかげでした。正直、高校時代にマヤ文明の知識はほとんどなく、まさか私がマヤ文明を研究するとは思ってもみませんでした。しかし、私がこの道に入るきっかけとなったのは、大学2年のときにマヤ学者である恩師の貞末堯司先生（当時金沢大学教授）に出あったことです。勉強を続けていくうちに、マヤ文明の遺跡をこの目で見たいという思いが強まり、実際現地を訪れて本や写真と照らし合わせて感動しました。大学院在学中にアメリカに留学する機会にも恵まれましたが、帰国直後に父が他界したこともあり、地元に戻って高校の教員となって現在に至っています。高校の教壇に立ってから、あっという間に15年が過ぎようとしています。

　かの有名な儒家の創始者である孔子は、「四十にして惑わず」といいました。しかし、その歳を越えても、まだ私は惑っています。高校教員として優先してやらなければならないことは何なのか、高校生の教育にとって不可欠なものは何なのか、答えはわかっているようでつかみきれていません。マヤ学をはじめとする学問についても、まだまだやらなければならないこと、吸収しなければならないことが多く残っています。ここ6年間では、洞窟をはじめとする儀礼、歯を削る風習、建造物の配置と思想の関係などを研究してきましたが、どれもまだまだゴールには到達していません。マヤ学とは何と奥の深い学問なのでしょう。現地調査も含めてこれから資料を

収集しながら、さらに追究していこうと思っています。個人的に40歳という大きな節目の年を越え、自分のこれまで研究してきたことの一端を整理したいと考えました。

「はじめに」で、本書の目的はみなさんにマヤ文明の基本的なことを理解してもらうことだと書きました。そのことは教育者そして研究者としての思いです。しかし、マヤ文明を理解することで、現代の私たちの生活や考え方をも見つめなおすことができないでしょうか。最近、世界中で紛争が起こっています。その原因は一つだけではありませんが、大ざっぱないい方をすれば、それは宗教的対立や民族的エゴ、権威獲得のためだと表現できるのではないでしょうか。本書でとりあげた「古典期マヤ文明の崩壊」の原因の一つに戦争がありますが、それは現代の社会にも通じている気がします。少なくとも私自身は、本書を執筆することで、日常のニュースでとりあげられているような傲慢な現代人の愚かさを再認識し、これからの生き方を考えるよい機会となりました。

これまで私のつたない研究を援助し、アドバイスをくださったみなさんに心より感謝しています。恩師の貞末堯司先生（金沢大学名誉教授）をはじめ、同じ大学の先輩で現在もマヤ考古学者としてご活躍の中村誠一さん（ホンジュラス国立人類学歴史学研究所）や伊藤伸幸さん（名古屋大学）、地元東北地方で定期的に開かれている東北ラテンアメリカ考古学・人類学研究会で、常に有効なアドバイスをくださっている吉田栄人さん（東北大学）や坂井正人さん（山形大学）、その他たくさんの研究者の方々に心よりお礼申し上げます。そして、毎日の仕事に追われてしまい、研究環境としては厳しい高校において、研究を継続するように激励してくださった堀江和子先生（元筑波大学附属中学高等学校教諭）、久能隆博先生（東北

おわりに

学院榴ケ岡高等学校校長）、佐々木則之先生（同校教諭）にも感謝申し上げます。また、在校生や卒業生も含め、多くの教え子たちからも大きなエネルギーをもらいました。

　実は拙著『ようこそマヤ文明へ』は、2007年に発刊したものですが、出版社の倒産により一旦絶版となりました。しかし、多くの方々から復刊を後押しする声をいただき、こうして再出版する運びとなったのです。今回の出版に際しては、文芸社編成企画部・出版企画部長の坂場明雄さんにわがままを聞き入れていただき、第二編集部の桑原亜希子さんにもご尽力いただきました。ですから、前回の出版のように40歳を記念するという形ではありませんが、これを機にマヤ文明の研究を再出発したいと考えています。正直この1年間は自分の研究が停滞した年でしたから、今後充実した研究生活を送るよう自身に宛てたメッセージでもあります。

　2008年は、まだまだ古代アメリカ文明の本当の姿が理解されていないことを痛感させられた年でもありました。一般の方々向けの数回の講演会を通じ、やはりミステリアスなイメージが先行していることがわかりました。また、いくつかのテレビ番組や書籍には、いまだに謎めいたイメージを増長する「嘘」が盛り込まれています。いたずらに興味を持たせようとするこのようなマスコミの姿勢は、大きな驚きであり憤慨の念も禁じ得ません。仙台では2008年夏に「世界遺産 ナスカ地上絵の謎 展」（河北新報社主催）が開かれましたが、この展覧会では、真の古代アメリカ文明の姿を科学的に明らかにしようとしていました。お手伝いさせていただいた立場も含め、今まで以上に多くの方々に古代文明の本当のおもしろさを広め、引き続き地道に啓蒙活動をしていきたいと思います。

最後に、本書で使用する写真やカバーデザインを一緒に考え、再出版を楽しみに待っていてくれた母・夫美恵、妻・留愛、長男・啓、次男・曜の家族みんなに、あらためて「ありがとう」の言葉を記します。

　　　　　　　　2008年9月　長男・啓10歳の誕生日に

【参考文献】

青山　和夫
　2000　「新しい古代マヤ文明観から異文化理解を考える―"マヤの水晶ドクロ"のいかさま」『科学』第70巻3月号、170-174頁。
　2005　『古代マヤ　石器の都市文明』、諸文明の起源11、京都大学学術出版会。

猪俣　健
　2004　「古代マヤ人の社会と文化―マヤ文明概観」『マヤ学を学ぶ人のために』、八杉佳穂編、1-21頁、世界思想社。

大井　邦明
　1994　「きのこ石とマヤ考古学」『きのこ石』、大井邦明・ミゲル・F・トレス監修、13-35頁、たばこと塩の博物館。

多々良　穣
　2001　「副葬品・埋納品としてのメタテとマノ―マヤ地域の副葬品・キャッシュ分析から」『古代アメリカ』第4号、77-94頁、古代アメリカ研究会。
　2005a　「高校生のマヤ・イメージとマヤ文明の授業実践」『歴史と地理』第589号、17-25頁、山川出版社。
　2005b　「歯牙変工された人物像に関する一試論―サクレウの王と歯牙変工との関わり―」『マヤとインカ―王権の成立と展開』、貞末堯司編、153-167頁、同成社。

敦賀　公子
　1994　「きのこ石に刻まれた動物たちの図像学」『きのこ石』、大井邦明・ミゲル・F・トレス監修、79-100頁、たばこと塩の博物館。

寺崎　秀一郎
　1999　『図説古代マヤ文明』、河出書房新社。

ミゲル・F・トレス（原訳）
　1994　「マヤの心理学と儀式用幻覚剤ならびにきのこ石」『きのこ石』、大井邦明・ミゲル・F・トレス監修、36-66頁、たばこと塩の博物館。

中村　誠一
　1999　『マヤ文明はなぜ滅んだか？』、ニュートンプレス。
　2004　「ジャングルのなかの神殿ピラミッド―古代マヤ建築」『マヤ学を学ぶ人のために』、八杉佳穂編、69-96頁、世界思想社。
　2005　「密林に埋まる未発掘の巨大都市」『Newton』2005年5月号、60-67頁、ニュートンプレス。

宮西　照夫
  1985　『マヤ人の精神世界への旅』、大阪書籍。
ディエゴ・デ・ランダ（原訳）
  1982　『ユカタン事物記』、大航海時代叢書第Ⅱ期13（林屋永吉訳）、岩波書店。
A．レシーノス（原訳）
  1977　『ポポル・ヴフ』（林屋永吉訳）、中央公論社。
吉田　栄人
  2005　「日本におけるマヤ・イメージの実態　―マヤ・イメージに関するアンケート調査から―」『マヤ・イメージの形成と消費に関する人類学および歴史学的研究』平成14年～平成16年度科学研究費補助金・基盤研究（B）（1）研究成果報告書。

Andrews, E. Wyllys IV
  1970　*Balankanche, Throne of the Tiger Priest*. Middle American Research Institute Publication 32, New Orleans.
Ashmore, Wendy
  1991　Site-planning Principles and Concepts of Directionality among the Ancient Maya. *Latin American Antiquity* 2:199-226.
Ashmore, Wendy and Jeremy Sabloff
  2002　Spatial Orders in Maya Civic Plans. *Latin American Antiquity* 13:201-215.
Bassie-Sweet, Karen
  1991　*From the Mouth of the Dark Cave*: Commemorative Sculpture of the Late Classic Maya. University of Oklahoma Press, Norman.
Brady, James E. and Andrea Stone
  1986　Naj Tunich: Entrance to the Maya Underworld. *Archaeology* 39(6):18-25.
Coe, Michael D.
  2005　*The Maya*, Seventh edition. Thames and Hudson.
Coggins, Clemency Chase (Editor)
  1992　*Artifacts from the Cenote of Sacrifice, Chichen Itza, Yucatan*. Memoirs of the Peabody Museum of Archaeology and Ethnology, vol.10 no.3, Harvard University.
Demarest, Arthur, Prudence Rice, and Don Rice (Editors)
  2004　*The Terminal Classic in the Maya Lowlands*. University Press of Colorado, Boulder.
Furst, P. T. and Michael D. Coe
  1977　Ritual Enemas, *Natural History* 86(3): 88-91.

参考文献

Garber, J. F.
1989 The Ground Stone Industry. *Archaeology at Cerros, Belize, Central America*, vol.II: The Artifacts. Southern Methodist University Press, Dallas, Texas.

Kowalski, Jeff K.
1985 Lords of the Northern Maya: dynastic history in the inscriptions. *Expedition*, vol.27, no.3, pp.50-60.

MacNeish, Richard S.
1964 Ancient Mesoamerican Civilization. *Science* 143:531-537.

Martin, Simon & Nikolai Grube
2000 *Chronicle of the Maya Kings and Queens*. Thames and Hudson.（『古代マヤ王歴代誌』、中村誠一監修、長谷川悦夫・徳江佐和子・野口雅樹訳、創元社、2002）

Milbrath, Susan
1999 *Star Gods of the Maya*: Astronomy in Art, Folklore, and Calendars. University of Texus Press, Austin.

Miller, Mary Ellen and Karl Taube
1993 *Gods and Symbols of Ancient Mexico and the Maya*. Thames and Hudson.（『図説マヤ・アステカ神話宗教事典』、増田義郎監修、武井摩利訳、東洋書林、2000）

Reents-Budet, Dorie Jane and Barbara MacLeod
1997 *The Archaeology of Petroglyph Cave, Cayo District, Belize*. Unpublished manuscript.

Romero Molina, Javier
1970 Dental Mutilation, Trephination, and Cranial Deformation. Physical Anthropology, edited by T.D.Stewart, pp.50-67. *Handbook of Middle American Indians*, vol.9, R.Wauchope, General editor. University of Texas Press, Austin.

Schele, Linda and Mary Ellen Miller
1986 *The Blood of Kings*. Kimbell Art Museum, Fort Worth.

Sharer, Robert J.
1994 *The Ancient Maya*, Fifth edition. Stanford University Press.

Sharer, Robert J. with Loa P. Traxler
2006 *The Ancient Maya*, Sixth edition. Stanford University Press.

Smith, A. Ledyard
1950 *Uaxactun, Guatemala, Excavations of 1931-1937*. Carnegie Institution of Washington Pub.588.

Smith, Michael E.
- 2003 Can We Read Cosmology in Ancient Maya City Plans? Comment on Ashmore and Sabloff. *Latin American Antiquity* 14:221-228.
- 2005 Did the Maya Build Architectual Cosmograms? *Latin American Antiquity* 16:217-231.

Šprajc, Ivan
- 2005 More on Mesoamerican Cosmology and City Plans. *Latin American Antiquity* 16:209-216.

Stone, Andrea
- 1995 *Images from the Underworld*: Naj Tunich and the Tradition of Maya Cave Painting. University of Texas Press, Austin.

Stuart, David
- 2000 The Arrival of Strangers: Teotihuacan and Tollan in Classic Maya History. *Mesoamerica's Classic Heritage: From Teotihuacan to the Aztecs*, edited by David Carrasco, Lindsay Jones, and Scott Sessions, pp.465-513. Boulder: University Press of Colorado.

Stuart, Gene S. and George E. Stuart
- 1993 *Kingdoms of the Maya*. The National Geographic Society.

Tate, Carolyn E.
- 1992 *Yaxchilan*: The Design of a Maya Ceremonial City. University of Texas Press, Austin.

Thompson, J. Eric S.
- 1959 *The Role of Caves in Maya Culture*. Amerikanistische Miszellen. Mitteilungen aus dem Museum für Völkerkunde in Hamburg, vol.25, pp.122-129. Komissionsverlag Ludwig Appel, Hamburg.

Vogt, Evon Z.
- 1987 *Zinacantan*. Harvard University Press, Cambridge, Massachusetts.

Webster, David
- 2002 Explaining the Collapse. *The Fall of the Ancient Maya*. Thames and Hudson.

著者プロフィール
多々良 穣（たたら ゆたか）
東北学院榴ケ岡高等学校教諭（世界史）
東北学院大学非常勤講師（マヤ文明学）
1967年仙台市生まれ。1991年金沢大学文学部史学科卒業。1992〜1993年ペンシルヴァニア大学（アメリカ）へ国費交換留学。1994年金沢大学大学院文学研究科修了。1995年より現職。わかりやすく興味の出る授業がモットー。数々の講演会で、マヤだけではなくインカなどのアンデスの話にも触れ、古代アメリカ文明の知識の普及に努めている。
著書に『文明の考古学』（海鳥社 1998年：共著）、『マヤとインカ―王権の成立と展開』（同成社 2005年：共著）、主な論考に「第五の古代文明―古代アメリカに栄えたマヤ文明」（『歴史と地理』544号 2001年）、「古代メソアメリカにおける歯の装飾」（『古代文化』第56巻第6号 2004年）、「ワシャクトゥンにおける歯牙変工の様相」（『古代アメリカ』7号 2004年）などがある。

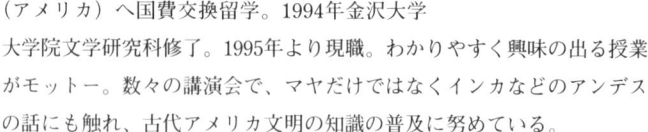

本書は2007年6月に新風舎より刊行された単行本に加筆・修正を加えたものです。

ようこそマヤ文明へ ～マヤ文明へのやさしいアプローチ～

2008年11月24日　初版第1刷発行
2009年11月1日　初版第3刷発行

著　者　　多々良 穣
発行者　　瓜谷 綱延
発行所　　株式会社文芸社
　　　　　〒160-0022　東京都新宿区新宿1−10−1
　　　　　　　　　電話　03-5369-3060（編集）
　　　　　　　　　　　　03-5369-2299（販売）

印刷所　　株式会社イーステージ

©Yutaka Tatara 2008 Printed in Japan
乱丁本・落丁本はお手数ですが小社販売部宛にお送りください。
送料小社負担にてお取り替えいたします。
ISBN978-4-286-05814-6